人力車に、おのりやす

伝統文化を継承する
俥夫の仕事

濱澤法生
HAMAZAWA NORIO

幻冬舎MC

人力車に、おのりやす

伝統文化を継承する
俥夫の仕事

はじめに

「では、出発しましょう！」

お客様を座席に案内し、俥夫《しゃふ》は梶棒《かじぼう》をゆっくりと持ち上げます。
「お兄さん、重くて大変でしょう？」「大丈夫です。この手ごたえがちょうどいいんです！」お客様の問いかけに明るく答え、体を傾けて重心を前に移し、力を込めて足を踏み出すと大きな車輪がゆっくりと動き出します。そして、座席から聞こえてくる「おーっ」というお客様の歓声。

歩くよりは速く、自転車よりは遅い独特のスピード感。滑らかな乗り心地、視線の高さや全身に浴びる風の心地よさ……。人力車ならではの非日常の感覚がお客様を包みこみます。

何度も走ったルート、何度も見たなじみの景色であっても、飽きることはありません。お客様の新鮮な反応や笑顔を見るたびに、俥夫はこの仕事ならではの魅力を改めて実感します。

お客様に一生忘れることのない旅の思い出を届ける――それが俥夫の仕事なのです。

私が観光人力車の会社を起こしたのは1992年です。当時、業界を見渡すと、人力車は珍しい乗り物に「乗る」という体験しか提供していなかったように思います。ただ車に乗せて黙々と引いているだけだったり、客待ちをする俥夫が人力車に寄りかかってたばこを吸っていたりと、およそ接客業とは思えない仕事ぶりで、そこには笑顔も会話もありませんでした。

そんな人力車の実態を知り、私は目指すべき事業モデルを模索しました。頼もしく凛々《りり》しい姿と爽やかな俥夫の笑顔、おもてなしの心と豊富な知識を織り交ぜた楽しい会話――。そんな当時どこにもなかった「俥夫が主役の観光人力車事業」をつくりたいと考え、京都の嵐《あらし》山《やま》で創業しました。

新しい観光人力車の魅力は口コミで広がり10年、20年と継続するなかで「この人力車に乗りたいから来た」という観光客も次第に増えていきました。そして現在、全国11の観光地に合計268台の人力車を展開する観光人力車の企業となることができました。

私たちが全国に拠点を展開できるような企業になれたのは、お客様をはじめ、地域の人たちや数多くの関係者の支えがあったからです。さらに、主役が俥夫であり、おもてなしの心が何よりも大事だという信念を貫いてきたからだと思っています。私はそれを会社の理念や行動指針として掲げ、俥夫としての立ち居振る舞いや言葉遣い、心を込めたガイドや周囲への心配りを怠らない車の引き方などの指導を徹底し、それと同時に、俥夫自身がやりがいと充実感、そして誇りをもって働ける環境を整えてきました。

デジタル化が進み、仮想体験がリアルな体験に取って代わろうとしている今、人が汗をかいて人をもてなす俥夫という仕事は、日本が誇る「おもてなし」を体現するものであり、世界に誇れる仕事の一つです。

本書は観光ガイドとしての俥夫の魅力とともに、観光人力車の仕事におけるおもてなしの心がどのように実践されているのか、そのやりがいについて書いたものです。人を喜ばせることを通して自分も幸せになることができる俥夫という仕事を知ることで、働くことの価値について改めて考えるきっかけの一つになれれば幸いです。

目次

第1章

「おもてなしの心」と「豊富な知識」
観光大国・日本に欠かせない俥夫の仕事

第2章

求められるのは、俥夫の〝おもてなし〟の心

時代に合わせたアップデートで人力車の価値を高める

第4章

〝アナログ〟な人力車を引く俥夫だからこそ、何十年、何百年先の世代にも伝統文化を継承できる

序章

移動手段として誕生し、観光用として復活した「人力車」の歴史

嵐山の竹林を走る人力車

観光地の魅力の一つ、日本生まれの人力車

「ここから先は人力車だけが通れる道です。さあ、特別な空間へとご案内します」

大勢の観光客の喧騒《けんそう》に包まれた大通りを抜けて、竹林に差し掛かると俥夫はそう言って脇道の人止めを外します。ほかの観光客の「何だろう?」という顔を尻目に、人力車はゆっくりと細い脇道に入っていきます。

すると、そこは静寂に包まれた別世界へと一変します。両脇には青々とした竹林が広がり、聞こえるのは風に揺れる笹の音と、俥夫の穏やかな案内の声ばかりです。

ここは嵐山――定番の観光コースでありながら、普段は車も人も通らない脇道。人力車だからこそ味わえる古都・京都の風情が、お客様にとって一生忘れられない思い出になってくれるのです。

新型コロナウイルスの影響もようやく収まり、各地に観光客が帰ってきました。あちこちに外国人観光客の姿も目立つようになり、以前の明るく楽しい風景が復活しています。なかでも豊かな自然が美しい京都・嵐山、下町情緒にあふれる東京・浅草、潮風が寺社に吹き寄せる神奈川・鎌倉などの観光地で、目を楽しませてくれるのが人力車とそれに乗ってゆったりと観光を楽しむ人の姿です。

非日常のスピードや視線の高さ、風に吹かれる爽快さ、さらには俥夫の心づくしのおもてなしやガイドなどの魅力は、徒歩やレンタサイクル、自動車での移動とは違った風情を感じさせてくれます。人力車は旅の楽しみ方をいっそう増す新しい観光のスタイルとして親しまれ、観光地に彩りを添えています。

人力車のルーツについては諸説ありますが、少なくとも大きな車輪の上に椅子を載せ、それを前に立つ人が引っ張り、操るという一般的な形の人力車はそもそも日本人が発明したものでした。それはやがて東南アジア各国にも輸出され、間もなく人が引く代わりに自転車で引く「輪《りん》タク」などへと形を変えていきました。

日本で生まれた人力車の歴史は、1869（明治2）年に東京の青物商鈴木徳次郎、車職人高山幸助、福岡藩士和泉要助の3人が考案したことに始まります。翌年、東京府に対して彼ら自身が「人車」と名付けた車の製造・営業許可を出願し東京府は許可しました。歩くか駕籠《かご》に乗るしかなかった人々の移動手段として、人力車というまったく新しい乗り物が誕生したのです。駕籠に比べれば「安い、速い、安全」な乗り物であった人力車の人気は急上昇、快適さが口コミで広がり爆発的ともいえる普及を見せたのです。

人力車の製造が始まった1870（明治3）年10月にまとめられた「東京府下物産調査」によれば、東京府内の人力車・自転車を合わせた年間車両生産数はまだ266台だったのが、翌年12月に東京府のまとめた府下の人力車数は、実に1万820台と報告されています。爆発的な普及を受け1873（明治6）年の『新聞雑誌』第29号は「当府下人力車ノ

人力車全国保有台数の推移

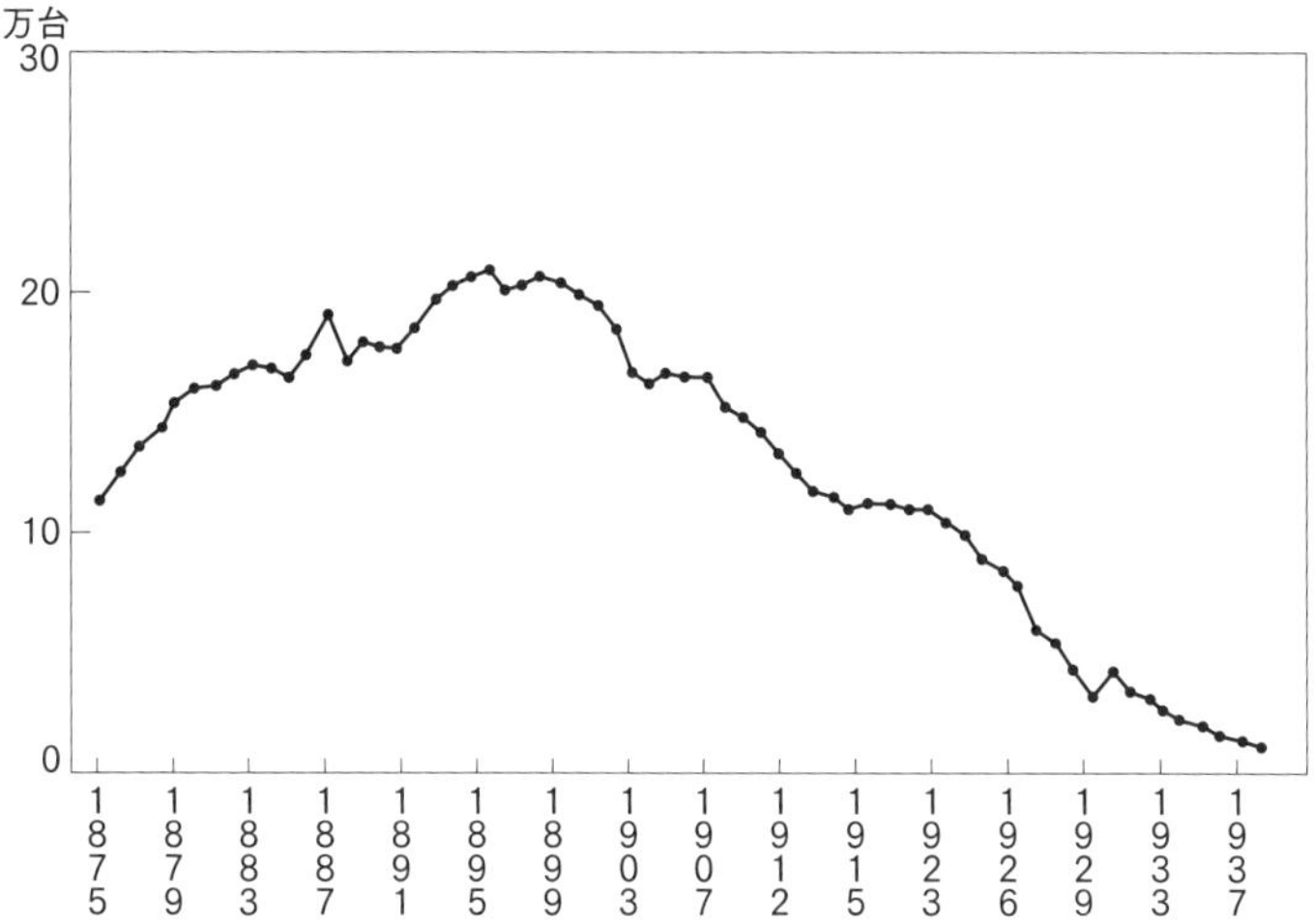

日本帝国統計年鑑「諸車統計」より作成

盛ナル、街道モ塞ガル許《バカ》リニテ……今一両年ヲ経《へ》バ、遂ニ徒歩ニテ往来スル者ナキニ至ルベシ」という記事を掲載しています（齋藤俊彦著『轍《わだち》の文化史』ダイヤモンド社）。徒歩で往来する者がなくなるとは少し大げさですが、普及の勢いはそれほどすさまじく、１８９６（明治29）年に約20万台となり、ピークを迎えました。当時の日本の総人口は４１９９万２０００人ですから（内閣府統計局資料）、２０００人に１台の割合で人力車があるという計算になります。

　しかし明治は急速な交通近代化の時代でした。鉄道や路面電車が続々と開通、さらに自転車が普及して人々の移動手段が変化し多様化するなか、人力車は姿を消していきます。その減少のスピードも速く、大正を経て昭和に入る頃にはすっかり姿を消し、1939（昭和14）年には、乗り物の統計項目からも削除されました。

戦後に観光地で復活した人力車

一般的な移動手段としては完全に役割を終えてしまった人力車ですが、1970年代以降になって単なる移動手段とは異なる形で少しずつ復活します。それが、「観光人力車」という新しい形です。

観光用の人力車の登場は、岐阜県の飛騨高山が最初だったという説が有力です。その後、1980年代に入って愛媛県松山市や東京などで少しずつ人力車が走り始めました。古い町や温泉街で明治の雰囲気に浸ることができるというのがうたい文句でした。いつ、誰が、何を思って最初の観光人力車を走らせたのか定かではありませんが、人力車の再登場には1970年代という時代に大きな理由があったようです。1970年、当時の国鉄は「ディスカバージャパン―美しい日本と私―」という大キャンペーンを始めました。同じ年の3月から9月まで開催された大阪万博の閉幕後に急速に冷え込むと見られていた個人旅行の需要喚起が目的だったといわれています。そんななかで人力車が復活し「観光人力車」が走り始めたのです。

おそらく現在、私の感覚では全国には個人法人合わせて100事業者ほどが観光人力車事業を展開しています。その多くは人力車の保有台数が1台もしくは2、3台といった小規模の事業主で、今実際に走っている観光人力車はすべて合わせても多くて600台程度だと思います。

明治の半ばに爆発的に普及したときと現在では、人力車に求められているものは大きく異なります。単なる手頃な移動手段としてではなく、すぐ目の前で人が力を込めて引いてくれるという人の距離の近さやぬくもり、人力で出せるゆっくりとしたスピードの心地よさ、一期一会の出会いや会話の楽しさという、人力車以外のどんな乗り物でも体験できない魅力と観光が結びつき、観光人力車という新たな市場が生まれたのだと思うのです。

スピードや効率が求められるわけではない観光地の交通手段として、人力車という乗り物は最適だと私は考えています。車を引く俥夫の存在も身近なガイド役として願ってもない存在でした。俥夫は人力車の引き手であると同時にガイドであるという珍しい存在です。限られた数の観光ガイドはいても、移動は別の人に頼るしかありません。しかし人力車は両方の役割を備え、しかも観光にふさわしいゆとりと非日常性という魅力にあふれていたのです。

こうして昭和初期にいったん姿を消した人力車でしたが、観光と結びつくことで新たな存在価値を生み出しました。しかしこの人力車がそもそもどういうものなのか、それを知ってもらえればよりいっそう人力車の魅力を身近に感じてもらえると思います。

第1章

「おもてなしの心」と「豊富な知識」

観光大国・日本に欠かせない俥夫の仕事

非日常の視線の高さ

長い年月を経て、単なる移動手段としてではない新たな価値を見いだされた人力車は、お客様にとっても快適で、楽しみの多い乗り物になっていると思います。人力車の座席に腰を下ろし、いよいよ車が動き出すと、本人は気づいていなくとも、誰もが笑顔で乗り心地や目に映る風景に心を奪われます。その理由は人力車という乗り物がもたらす非日常感です。

人力車の乗り心地は電車、バス、自動車、自転車……そのどれとも違います。昔はよく人力車に乗ったという人の話は、現代ではほとんど聞くことはありません。ですからおそらく人力車は多くの人にとって初めての乗り物であり、新鮮な驚きにあふれています。

今なぜ人力車が多くの観光客に利用してもらえているのかを考えてみると、独特の視線の高さも理由の一つだと思います。自動車や自転車より高く、バスよりは低めで、人力車に乗ったときの目の高さは現在のほかの乗り物では見当たらないと思います。低過ぎず高過ぎず、独特の高さで座席から見える景色が連続して動いていくので、とても新鮮に感じられるのです。

嵐山の竹林と人力車

高さが違うだけで、目の前に見えているのがいつもの町であっても、まったく違う風景を見ているかのような感覚にとらわれます。歩道を歩く人や沿道の店舗の見え方はまったく変わり、人力車ならではの景色を楽しむことができるのです。

五感で受け止める外界との一体感

視線の高さ以外にも、人力車には人を笑顔にする力があります。体で風を受け止める爽快感です。バイクやオープンカーに乗った感覚と似ていると思います。ただしスピードがまったく違うので、外界との一体感はさらに強く、独特の開放感に浸ることができます。

人と乗り物の速度比較

	人	人力車	自転車
時速（km/h）	4～6	8～10	12～15

また人力車には幌《ほろ》が用意されていますが、普段は使わず椅子の背中側に小さく畳まれています。そのため車に乗っているとはいっても、体と外部を隔てるものはほとんどなく、外の世界とじかに接しているような感覚があるのです。

また幌を出しても、完全に室内として閉ざされることはなく、開放感は持続します。道を歩く人との距離も非常に近く、話したければ声を掛けることもできます。少しスピードを上げると顔や体に当たる風が実感でき、いよいよ爽快感が高まります。

風を感じるこのスピードも人力車特有のものです。人が歩くときの時速は大体4㎞から6㎞といわれています。自転車が12㎞から15㎞程度ですが、ここでも人力車は独特のスピード感で大体8㎞から10㎞程度で走ります。歩くよりも速く、自転車よりは遅いというゆったりとした速度です。視線の高さだけでなく、この移動スピードも日常生活では体験できないものです。

もう一つ、初めてのお客様に笑顔になってもらえる要素が、乗車前には想像できない滑らかな乗り心地です。人力車のイメージとして頭に浮かぶのは、石畳の上を走る馬車や軽トラックの荷台の上のように、硬くゴッゴッして上下左右に揺れるものだと思います。

ところが実際に人力車に乗ってみると実に滑らかで、舗装されていない道も軟らかく弾みながら進んでいきます。段差を避け、小石一つ踏まないように気をつけながら走る俥夫の配慮も大きいのですが、大きな車輪に付けられた空気タイヤと板バネの働きが快適な乗り心地を生んでいます。

明治時代の発明当初の人力車にも板バネはありましたが車輪はゴムタイヤではなく、木製の車輪やそれに鉄を巻いたようなものだったので、そのときに比べて人力車の乗り心地は格段に向上しています。ゴム製のタイヤになったのは明治の終わりから大正にかけてのことで、明治半ばの全盛時代の人力車は移動に便利とはいえ、あまり乗り心地の良いものではなかったと思います。

人力車の仕組み

現在観光地で使われている人力車と、明治時代に日本人によって考案された人力車は構造的にはほとんど変わりません。変わったことといえば、明治期の人力車は基本的には一人乗りであったのが現在は二人乗りになったこと、車輪が木製またはそれに鉄の輪を巻いたものからゴム製の空気タイヤに変わったこと、さらに自転車と同じ仕組みのハンドブレーキを備えたものもつくられるようになったことくらいです。操縦方法も変わりません。

人力車は直径約1m（42インチ）という大きな車輪の上に、背もたれと折りたたみ式の幌、さらに蹴込《けこみ》という台がついた椅子を固定し、梶棒と呼ばれる持ち手を取りつけたものです。梶棒と直角に交わる形で支木《しもく》という棒が渡してあり、梶棒先端の部分は象鼻《ぞうはな》と呼びます。文字どおり象の鼻のように見えることからの命名です。

お客様は乗車時に蹴込に足を掛け、乗車中はそこに足や荷物を置きます。俥夫は左右の梶棒を握るか、あるいは片手で梶棒、もう一方の手で支木を握って人力車を走らせます。駐車する際には、梶棒を前に傾けて、象鼻を地面に接地させせます。遠目に走っている姿を見ると

人力車の各部名称

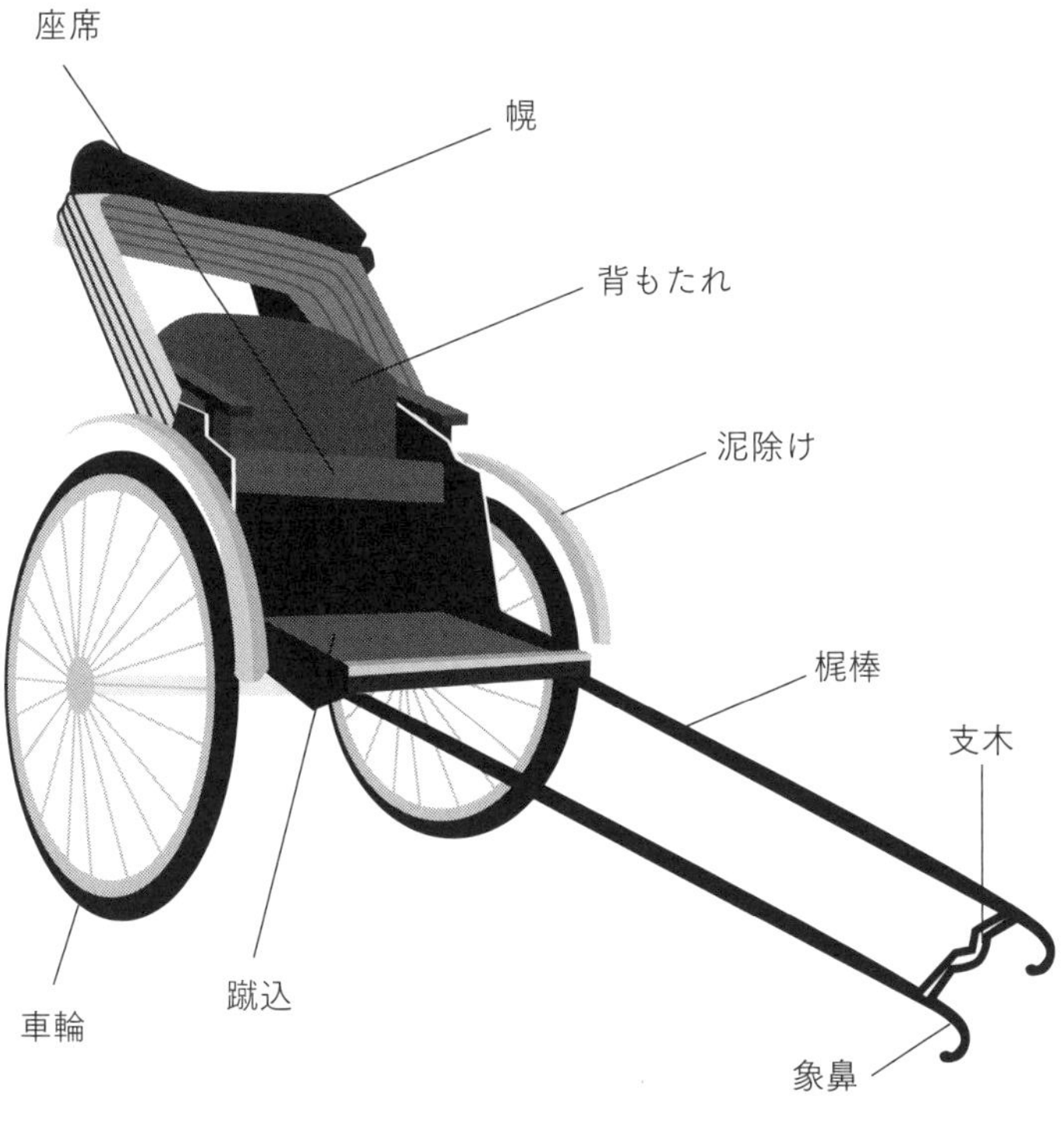
座席
幌
背もたれ
泥除け
梶棒
支木
車輪
蹴込
象鼻

人力車のサイズ

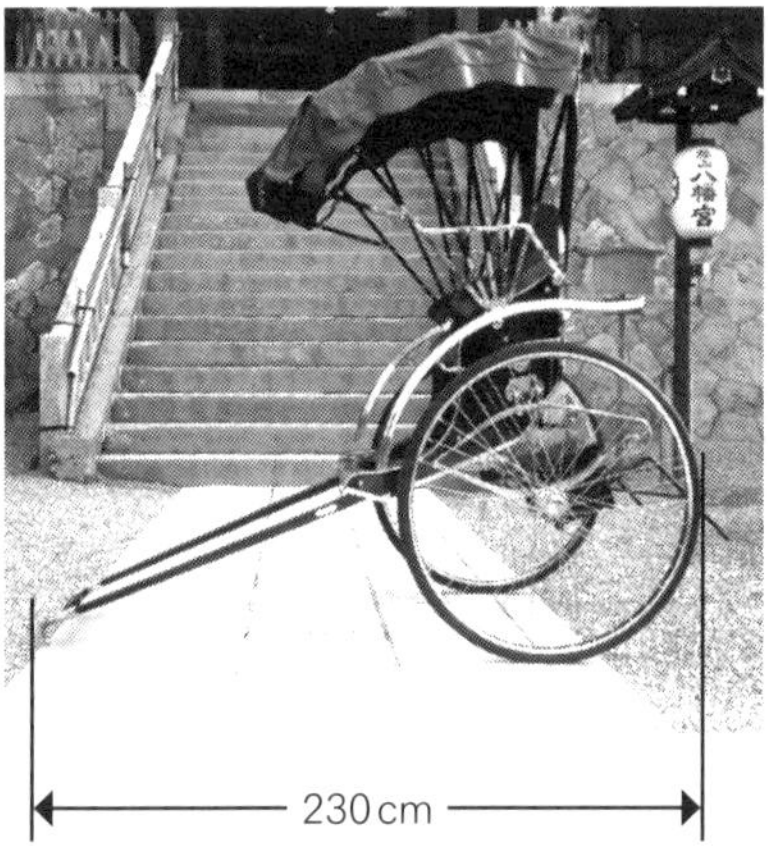
230cm

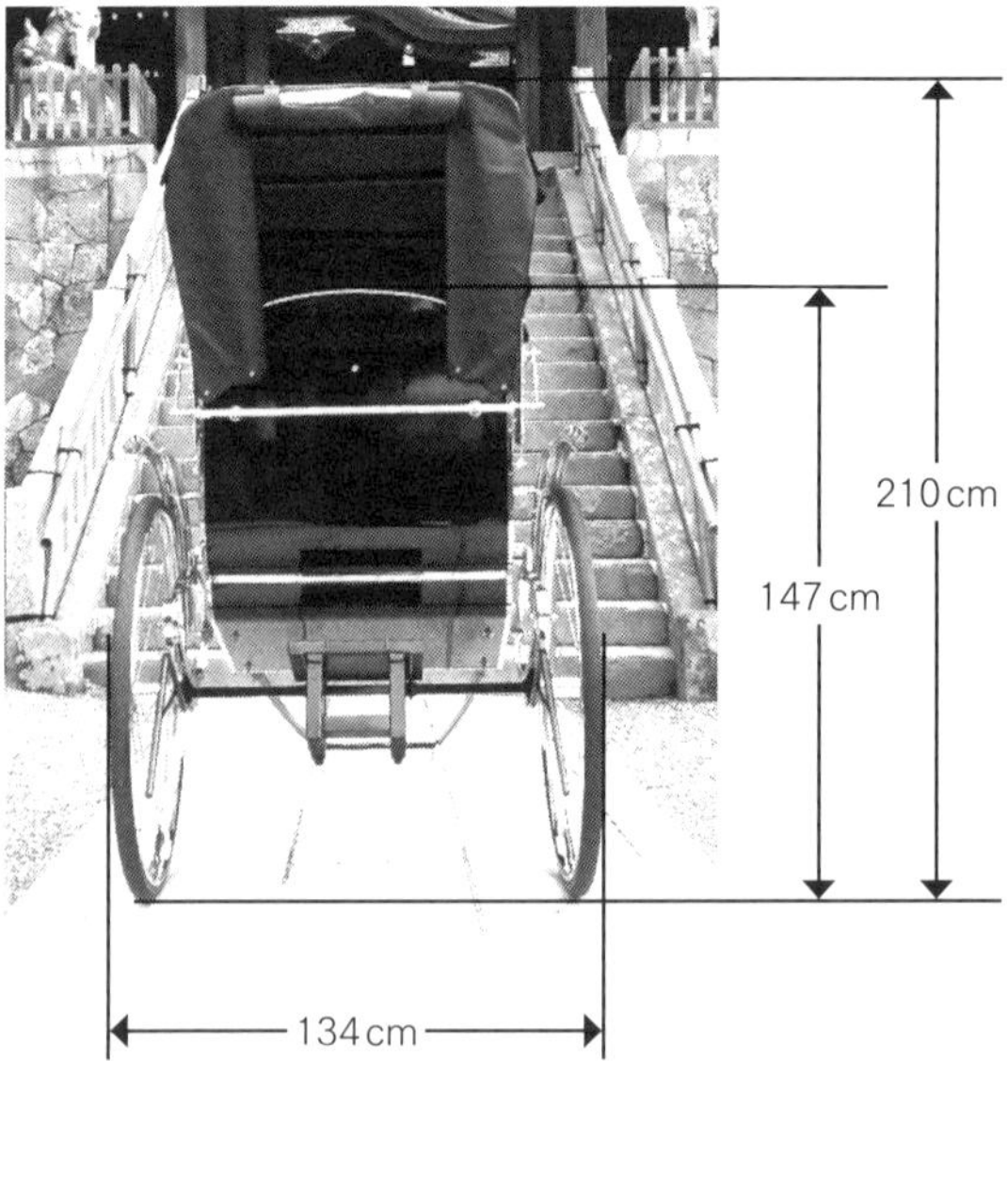
210cm
147cm
134cm

それほど大きく見えない人力車ですが、実はかなり大型です。高さは2mを超え、象鼻から車輪の後ろまでの全長は約2m30㎝あります。特に直径が1mを超える車輪は日常生活で間近に見ることは少なく、人力車の大きさを実感させてくれます。

また現代の人力車の後部には、万が一にも車が後ろ（お客様の背中側）に倒れないように転倒防止バーを設けています。お客様の乗降時に使う木製の踏み台を引っかけておく桟《さん》も付いています。

人力車の総重量は約80㎏あり、大人2人でも持ち上げるのは大変です。体重60㎏の大人が2人乗れば、人力車の総重量は200㎏ほどになります。200㎏と聞くと一人で操れるのか心配になりますが、人力車には人が引きやすくなるさまざまな工夫があり、コツをつかめば女性でも引くことができます。

まず車輪が大きいことです。一般の自転車の車輪が26インチから28インチくらいであるのに比べ、人力車は42インチと非常に大きくなっています。そのため車輪を転がす際の抵抗が小さく、スムーズに引くことができるのです。

人力車の椅子は4輪の安定した台ではなく2輪の上に乗っています。前や後ろに傾く力が生まれやすい構造で、バランスを取るのが非常に難しいのです。もしバランスを崩し、200kgという重さに前後に傾く力が加わると、梶棒で押さえつけたり、逆に引き上げたりしながら引っ張ることになり、より大きな力が必要になってしまうのです。逆にバランスを上手に取ることができれば、操縦も楽になります。梶棒を上手に操って、お客様の重さが真下にのみかかっているというバランスの取れた状態を保つことが、少ない力でスムーズに走らせるコツの一つです。ちょうどバランスが取れているところであれば、押さえつけたり引っ張り上げたりする力がいらないので、自分の体を少し前傾させ体重を前に移動するだけで人力車は動き始めます。動き始めれば抵抗の少ない大きな車輪が転がり、さらに俥夫を助けます。

走り始めてからも、上り坂や下り坂に差し掛かかったり、お客様が何かに注目したり俥夫に話しかけようとして前かがみになったり、逆に背もたれに体を預けたりすることで重心は微妙に変わります。それに合わせて梶棒の高さを微妙に調節して、上に上がる力も下に下がろうとする力も発生しないようにすれば、わずかな力で人力車は前に進み続けます。俥夫が腕の力を使うのは人力車を引っ張るためではなく、梶棒の高さを調節するためなのです。

最適なバランスが取れる位置に梶棒の高さを保てば、自分の体重を使うだけで人力車を前に進めることができます。腕の力では男性にかなわないはずの女性俥夫が、男性と同じように活躍できるのはこのバランスの取り方を体得しているからです。人力車というのは、物理の法則も実に巧みに応用して、誰でも引きやすいように工夫された乗り物になっています。

同じく二輪の荷車で人や自転車などで引くリヤカーに比べると、人力車がいかに走らせやすくつくられているかが分かります。リヤカーは荷物の積み下ろしを容易にするために車輪を小さくして荷台の高さを抑えています。そのため梶棒に当たる金属製の棒をわずかに上下させるだけで荷台の後方の底や前方の支柱を地面にこすってしまいます。

したがってバランスが悪く、荷台が傾こうとする力が働いても、とにかく腕ずくで押さえながら引っ張っていくしかなく、非常に重労働なのです。リヤカーに比べると、人力車が物理の法則も考えながらいかに引きやすく工夫されているかがよく分かります。

また、人力車には梃子《てこ》の原理も応用されています。梶棒が長いのはそのためです。支点となるのが車輪の中心、作用点がお客様の乗った座席です。支点と作用点は非常に近く、逆に、俥夫が力を伝える力点は長い梶棒の先端付近です。お客様が座った状態で人力車を持ち上げるときやお客様を降ろすために梶棒を下に下ろすときは、この長さが俥夫の味方をして、より小さな力で上げ下げができるのです。人力車はいかに小さな力で人を運ぶことができるか、周到に考え尽くされた乗り物です。

ただし、人力車には基本的にブレーキは付いていません。止めるときは俥夫が足を突っ張って止めることになります。ある程度スピードが出ているときや下り坂になっているところでは、止めるために大きな力が必要になることから、あらかじめ道路状況などを読んだ操作や体の使い方が必要です。ベテランになるほど巧みに減速できるようになりますが、足腰の強さや一日を通して走らせる体力に自信がない年配の俥夫や小柄な女性は、ブレーキ付きの人力車を使うこともあります。自動車の行き交う公道を走る以上、お客様の安全が最優先だからです。

人が引くという魅力

人力車の魅力は現代の私たちが日常では味わえない乗り物体験を提供してくれるということ

とだけではありません。乗り物というハードウェアの魅力に加えて、人力車を引く人の魅力があります。実は俥夫のホスピタリティにあふれた接客と観光ガイドこそ、人力車を復活させる原動力になったものでした。

明治から大正にかけて都市の主要な移動手段となった人力車では、誰が引いているかということに注目する人はあまり多くなく、わざと遠回りをするとか、基準の運賃を超える料金を求めるような悪事さえ一部で横行していたという話も聞きました。

各自治体も、条例で俥夫として働くことができる最低限のルールを定めるだけの対策にとどまっていました。例えば大阪府では引き手は鑑札を受け服装の規則に従わなければならないこととして、鑑札を受けることができるのは18歳以上の身体壮健の男子で道路を往来する車の通行の仕方をよく知り、地理をよく知る者であること、法被《はっぴ》や筒袖《つつそで》の背中には鑑札の番号を付けることなどをルールとし、つまりそれさえ守れば誰でもよいということだったのです。

特に資格や免状がなくてもよいと門戸を広げれば、粗暴な人や金儲け第一という人も入ってきます。営業にあたっては、決められた駐車場以外の場所に人力車を止めて人を呼び止めたり、あるいは空の車を引きながら人を追いかけて乗車を誘ったりするようなことをしてはならないといった規則が情勢を受けて段階的に設けられました。

そんな規制が必要になるほど、人力車は道のあちこちに止まり、強引な乗車の勧誘をする光景がしばしば見られたのです。明治の便利な移動手段として急速に普及した人力車は、俥夫にお客様を安心させるのに十分な人格やホスピタリティは備わっていなかったと思われます。

しかし、それから約100年を経て観光地で復活した人力車は、俥夫こそ大きな魅力であり、俥夫の存在がなければ、観光人力車が全国で定着することはできなかったと思います。明治時代に人力車が普及したのは乗り物としての便利さによるものです。しかし、昭和末期から令和の時代に人力車が復活したのは、乗り物としての魅力ではなく俥夫の魅力であり、俥夫とのコミュニケーションの楽しさでした。ハードとしての乗り物ではなく、観光ガイドとしての俥夫の存在が、歴史の遺物でありアナログの象徴のような人力車を20世紀後半に復活させる原動力になったのです。外見は昔と同じでも、明治の人力車文化と平成・令和の人力車文化はまったく性質の異なるものでした。

現代の私たちが改めて気づかされたのは、もともと人力車は、お客様と俥夫の物理的な距離の近さに大きな特徴があるということです。駕籠では担ぎ手はそばにいても乗っている間には姿は見えません。馬車を操る御者は、間近に姿が見えたとしても、前を凝視して手綱を握って馬や周囲の状況に注意しているため、お客様とゆっくり会話する余裕もなかったと思います。

明治・大正の時代はもともと人と人の距離が近く、家族は大人数でにぎやかに暮らし、隣近所や町内の交流も盛んでした。日常生活のあらゆる場面でコミュニケーションが取られていました。ことさら人力車のお客様と俥夫の距離の近さに注目する人も、ありがたがる人もいなかったと思われます。

しかし、時代とともに核家族化が進み、地域からもコミュニティが失われていきました。あらゆる乗り物が機械化され自動化され、さらにデジタルで制御される時代のなかで、人力車は唯一、人が自分の体を使って動かす乗り物であり、頼もしい俥夫の姿は手の届くくらいすぐ目の前にあり、会話が楽しめる距離感なのです。

コミュニケーションが豊かであった明治時代には、人力車だからといっていちいち声を掛けたり会話をしたりする人もそれほど多くはありませんでした。目的地まで連れて行ってくれればいいわけで、行き先を告げればあとは黙って乗っていた人がほとんどだったのです。

しかし、今、この距離で人と人が出会い、一緒に行動するという体験は人力車以外ではあまり思いつきません。人力車に初めて乗った人はごく自然に俥夫に話しかけます。人がすぐそばで自分が乗る車を引いてくれているという現代の日常ではそうそう起こり得ない関係が、そうさせるのです。

人力車が動き出すとともに笑顔になってくれたお客様は、俥夫に声を掛けてくれることもあります。すぐ目の前で、全身を巧みに使い、足の筋肉と腰を使って車を出発させる俥夫の姿をすぐ後ろから見ているお客様は、何か声を掛けたくなります。

「お兄さん（女性の俥夫もいますからそのときは『お姉さん』）、大丈夫？　重くない？」

「全然大丈夫です！」と、一声掛けてみるだけで、それからは黙っている時間が珍しいくらいに会話が弾みます。ホスピタリティあふれる俥夫の存在こそ明治の人力車にはない現代の観光人力車の大きな魅力であり、新たな人力車文化なのです。

とびきりの笑顔とホスピタリティ

よくよく考えてみると観光客というのは実は孤独な存在です。その土地に何度も訪れ、定《じょう》宿《やど》も決まっているというならともかく、初めて訪ねる観光地ではやはり不安がつきまといます。一人旅はもちろん、二人、三人と連れ立った旅であっても、また誰でもスマートフォンで簡単に情報を入手できる現代でも、同じように心もとないものです。

そのとき、観光客の強い味方となるのが人力車の俥夫という存在です。各地の観光地にはインフォメーションセンターがあり、観光地図やさまざまな案内パンフレットが用意されていて、観光客が質問をすれば的確に答えが返ってきます。職員もまた観光客に楽しんでもらいたいという思いで接しています。

しかしそこで得られるのはやはり総合的な情報であり、一人ひとりの観光客のニーズに合った情報が得られるとは限りません。もちろんインフォメーションセンターの職員もできる限りお客様の要望に応えたいと最大限の努力をしているのですが、残念ながら伝えられる情報にも、でき得る対応にも限界があります。ほかにも質問の順番を待つ多くの観光客が列をつくっているため、心ならずも最低限のやりとりで切り上げざるを得ないケースは珍しくないのです。

一方、人力車の俥夫は一人ひとりのお客様に対応できる時間があり、「よく来てくださいました」「この町をぜひ楽しんでください」という気持ちにあふれていて、観光客を精いっぱいもてなしたいという強い思いをもっています。

観光客にとって、初めて出会う人間がどういう人であったかということは、旅の印象を大きく左右するものです。不安のなかの第一歩だからこそ、なおさら「最初の相手」が大きく影響してくるのだと思います。

そして俥夫は、自分が働く町を訪ねてくる観光客のほとんどが人力車に乗らずに帰ることを知っています。乗らない人が圧倒的ではあるものの、その人たちもいつか乗ってくれるかもしれない大切な未来のお客様です。この町を好きになって、何度も訪ねてもらえるようになってくれれば乗ってもらえることもあると思います。

俥夫として働く者たちは自分たちが町の第一印象をつくる存在であり、お客様に与える自分の印象の重要性と責任感をきちんと理解しています。そして単に自分の人力車に乗ってほしい、自分の売上を上げたいという気持ちだけで接してはいけない、という気持ちをもっています。それこそが俥夫がもつとびきりの笑顔とホスピタリティの理由です。

豊富な知識と楽しい会話

観光人力車の俥夫はただの力持ちではありません。明治時代の移動手段としての人力車の俥夫ならそれでよかったのだと思います。速いスピードで人や馬車も軽快によけながら目的地に早く着いたはずです。しかし令和の観光人力車の俥夫に求められるのはその観光地についての豊富な知識であり、それを巧みに楽しく伝える会話の力です。

一つの名所を説明するにしても、案内板に書かれているのと同じことを語っても価値がありません。案内板は、誰が読むかに関係なく一律の情報を提供します。しかし、それを読む人の関心のありどころはさまざまで、注目するところも違います。もっと掘り下げて知りたいと思うことが何であるかは人それぞれです。

俥夫であれば、最も基本的な情報を伝えたうえで、相手が何に興味をもっているのか、歴史なのか建築なのか自然や庭園なのか、あるいは人物なのか、会話のなかから関心のあることをつかんで心に響くような情報を織り交ぜてそのお客様に合った案内をすることができます。それによって「なるほど、そういうことなんだ」とお客様の納得度も深まります。

「じゃあこれは……」と生き生きとした反応が返ってきて会話も弾みます。

俥夫の案内にお客様同士で話が弾み、時には俥夫が聞き手になることもあります。パンフレットにあるような通り一遍の解説ではない案内によって話題はどんどん広がっていくのです。

しかも俥夫のもっている情報や知識は、そのエリアを毎日さまざまな時刻、さまざまな季節に走っているだけにとても豊富です。乗車前にどういうルートを進もうかという提案や、走り出してからの状況の流れにも対応した追加や変更という臨機応変の提案にも表れます。

「今日はお天気が良いですから、あの橋のたもとから川面の向こうに沈む夕日の眺めが最高です。行ってみましょうか?」「ぜひ見たい! 行こう!」と話がまとまることもあります。

花の好きな女性なら「ガイドブックにはあまり出ていませんが、この季節はあのお寺の庭の蓮《はす》の花がすごくきれいです。まだお昼前だから咲いていています。ちょっと寄りましょうか?」

観光客を案内する俥夫

「行きたい！」という案内もできます。

俥夫の提案するルートは、30分、1時間といった約束の時間に合わせて、定番の観光スポットを巡る固定したメニューではありません。ある程度の基本は設定されているものの、季節、時間、天候に合わせ、お客様の好きなものや関心のあるところに合わせて、「この時間のここから見るこれ」というその人に合わせたストーリー性のあるものを、俥夫とお客様が相談しながらプログラムとしてつくり上げていくものなのです。ですから走り始めてから変更することもできます。

しかも俥夫は、降車後の旅についてもサポートします。俥夫が案内する範囲はタクシーなどと違って広くはありません。当然お客様は、人力車で回る以外にその日の計画をもち、次の観光地に向かう予定を立てています。そのため俥夫は自分の活動エリアだけでなく、お客様が次に向かう場所についての知識も用意しているのです。

「今日はこのあとどちらに？」「明日からのご予定は？」とさりげなく聞きながら、「それならこのルートで行くのもお勧め」「そこにはこういう隠れた名所があって面白い」「最近話題のお店がその近所にありますからよかったら……」などとガイドブックや情報サイトではなかなか出合えないその土地ならではの情報を提供することもできます。

それらは自分が働く町で人力車を引くために必須の情報ではありません。しかし俥夫が考えているのは、自分が走る範囲をそつなく解説して回ることだけではないのです。お客様となった人の旅が少しでも楽しく、思い出深いものになってほしい、いい旅だったと振り返ってもらえるものであってほしい、そのために自分に提供できる情報はすべて伝えたいということです。俥夫はお客様が人力車に乗っている30分、1時間のことだけを考えているのではなく、その人の旅の全行程を思い、旅をより良いものにするお手伝いをしたいと考えているのです。

俥夫という仕事の魅力

「ありがとう、すごく楽しかった」「絶対また乗りに来るよ」――そういって名残惜しそうに帰っていくお客様は少なくありません。一方で、人力車に乗ったことのない人の多くが「人力車は高い」と感じていると聞きます。例えば30分2人で1万円と聞けば確かに安いとはいえません。しかし私は人力車の料金は高いものではないと思っています。考えてみれば、俥夫のおもてなしを含めた乗車体験で得られる価値は、とてもお金で測れるものではありません。

現代の観光客はものよりもむしろ新鮮で感動的な体験に価値を見いだしています。初めて経験する人力車という乗り物の魅力、俥夫の案内があるからこそ訪ねられる場所、そしてたくましく楽しく引く俥夫との会話はきっとお客様の心を動かしてくれると思います。それは同時に、俥夫にとっての大きな喜びでもあります。

「初めて出会った人と30分、1時間過ごすだけで、こんなに親密になり、最後は肩を叩かんばかりにありがとうと声を掛けてもらえる――こんな仕事はない」と俥夫は異口同音に語ります。

どんなサービス業でもお客様から「ありがとう」という言葉が返ってくればうれしいものです。料理人であれば「おいしかった、ありがとう」の一言を、またそれ以外にもサービスを提供する数多くの人々が「ありがとう」の言葉をもらい、それを喜びとして毎日働いています。そのなかでも俥夫の場合は、国内はもとより世界中から訪れた人を自分の力で運び、一緒に旅をしながら、自分の言葉で案内することで新しい発見や感動を得てもらうことを自分の仕事としています。そのうえで掛けられる「ありがとう」の言葉にはまた特別な重みと価値があるものです。それほどまでに観光人力車の俥夫の仕事は魅力のあるものだと思っています。

京都・嵐山で俥夫の仕事を始めてまだ1年半ほどのある俥夫がいます。学生の頃から人をおもてなしする観光業に関心があり、実際卒業後は長野県にある有名ホテルのフロントで仕事をしていました。

彼は観光に従事するなら、いずれは京都で働きたいという気持ちをもっており、たまたまプライベートで出かけた先で見た観光人力車の俥夫がとても楽しそうに働いているのを見たことがきっかけになって、京都での俥夫の仕事への転職を決断しました。

彼は特に運動が得意というわけでもなく、文系出身のサラリーマンでしたが、研修を受けてデビューしました。今もまだまだ新人の部類に入りますが、ある日、とてもうれしい体験をしました。1年以上前のデビューしたての頃に乗ってもらった福岡の40代くらいの夫婦が、ちょうど1年後に「会いに来たよ。頑張ってる?」と訪ねてくれたのだそうです。その夫婦のことは彼もよく覚えていて、当時はおもてなしにとにかく一生懸命だったといいます。

「それが印象的だったようで、1年経ってどんなふうになっているか、もしいたらまた乗ってみようと来てくださったのはうれしかったですね。『また来るからね』とおっしゃっていたので次はもっと成長した姿を見ていただきたい、もっと頑張らなくてはと思いました」と彼は声を弾ませます。

彼は観光業というサービス業を志望して俥夫の世界に入って、実際に俥夫として仕事をするなかで改めて、サービスとおもてなしは違う、と実感したと話します。

「サービスは定型のものであって自分を入り込ませる余地はありません。しかし、おもてなしは自分がするものので、人が決めるものではありません。俥夫の仕事は本当のおもてなしができる数少ない仕事であり、それに対して心からのありがとうという言葉がお客様から直接もらえることが、とても奥が深いのです」と彼はしみじみと語っていました。俥夫のおもてなしこそ観光人力車の魅力だというのが彼の大きな気づきとなったのです。

案内に涙する人も

もう一人、30代後半でこれまで14年にわたって人力車を引き続けている俥夫がいます。大学を卒業しいったん社会人となり転職した経歴の持ち主で、仕事は京都の嵐山が中心ですが全国各地で人力車を引いた経験があります。

大分県の湯布院《ゆふいん》で人力車を引いているとき、彼は観光客が必ずといっていいほど歩くお店が並ぶ通りから少し裏に回ったところにある、正面に由布岳《ゆふだけ》がそびえ、手前に昔ながらの農村風景が広がる絶景ポイントにお客様を案内しました。

実はその風景は1970年代にさまざまなリゾート開発構想やマンション計画が持ち上がって何度も壊されそうになり、そのたびに住民が立ち上がり、次の世代に豊かな農村風景を残すべきだと景観保護運動を展開して守ってきたものです。地元の人はもちろんそうした経緯を知っていますが、観光客はその風景をゆっくり眺めることも、いきさつを知ることもほとんどないまま湯布院観光を終えてしまいます。彼は自然の景観に関心の高いお客様だと知ってこの場所に案内し、田園風景が守られた経緯も詳しく説明しました。するとお客様は感動し涙を流したそうです。

ただ眺めるだけではきれい、で終わってしまうかもしれませんが、エピソードを一つ添えながら伝えるだけで景色の見え方が変わったり新たな意味をもったりします。俥夫が案内することの可能性の大きさを感じ、責任の大きさも感じた、とその出来事を彼はしみじみと振り返ってくれました。実際彼はその後も50代くらいの母親とその子どもを案内したあとで、その母親のほうから改めて感謝の手紙が届いたといいます。手紙は、自分は当時夫を亡くしたばかりで塞ぎ込んでいたのを元気づけようと周囲が企画してくれた旅行で、人力車に乗る予定もなかったが子どもに手を引っ張られるようにして乗り、俥夫のあなたが一生懸命に引っ張っている姿を見て、とても勇気づけられ、自分も元気を出して頑張って生きていかなければと思えるようになったので礼を言いたい――という内容でした。

現場では分からないけれど、お客様の人生のなかの大切な場面をともにしているときもあるのだと知って、どんな状況でも一生懸命に引こう、そうすればこんな自分でも何か大切なものを伝えることができるのだと改めて思います、と彼は振り返っています。

以前の人力車俥夫のイメージは、明治時代のモノクロの写真か絵図のなかにしかなく、俥夫の肉声は聞こえてきたことはありませんでした。しかも観光人力車という存在は１９７０年代半ばを過ぎるまでありませんでしたから、誰もそれがどういう職業であるかを想像することはできなかったと思います。

しかし、１９９０年代以降に本格化した観光人力車の普及は、姿形は似ていても中身はまったく異なる俥夫を誕生させることになりました。当初は若い男性ばかりだった俥夫も、今は女性も珍しくなく、30年以上一筋に勤めて60歳近くになる人もいます。それは観光人力車の俥夫という仕事の魅力を雄弁に物語るものだと思います。

新たに俥夫が育つことによって――それは俥夫自身が手探りで切り拓いてきた新しい職業像ですが――人力車は観光人力車事業としてたくさんの人々に受け入れられ、旅のなかでのお客様とのふれあいを通して感動や魅力を提供する重要な役割を果たせるまでになってきたのです。

最高のガイドと街を巡る新しい観光の形

今では人力車に乗りたいから、人力車に乗れる観光地に行くという人が増えてきました。うれしいことに旅の思い出の第一に「人力車に乗ったこと」を挙げる人もあり、旅の目的は人力車と明言するお客様の声も聞こえてきます。観光地に行ったらたまたま人力車が走っていたというのではなく、人力車に乗れるかどうかを観光先選びの最優先事項にしてくれる人もいるのです。そうした事実を反映して、ありがたいことに地元の活性化のために観光事業に力を入れる行政や観光協会、商店街などから、自分たちの町にも人力車を走らせたい、人力車がないと寂しいといった声も聞かれるようになりました。

人力車は大正初期以降、半世紀余りの中断を挟んで、観光地で復活しました。町そのものが坂のなかにあり、ほとんど平坦な土地がないとか、ショッピングや食べ歩きが中心といった町は残念ながら人力車による観光には適していないと思います。しかし、明治から大正にかけての人力車が活躍した時代にとどまらず、古都やのどかな田園風景を残している観光地には人力車がよく似合うと思います。

近代都市化を進める一方で古くからの伝統を堅持しおもてなしの心を大切にする日本で、観光人力車の活躍する余地はまだまだ大きいと思います。人力車は外形こそ明治時代のままですが、果たす役割はまったく変わりました。現在、ただの移動手段だと思って乗る人はほとんどいませんし、お客様をただ目的地に運べばよいと思って梶棒を握る俥夫もいません。

それは観光の新しい形であり、観光客と俥夫というガイドの新しい出会い方です。人力車という人と人を間近に結ぶ古くて新しい媒体を、俥夫という存在が使いこなすことによって生まれた新しい旅のスタイルであり、新しい人力車文化の誕生であるといってもよいと思います。

第2章

求められるのは、俥夫の“おもてなし”の心

時代に合わせたアップデートで人力車の価値を高める

「観光地×人力車」

人力車は過去の乗り物ではありません。お客様と俥夫の距離の近さは、観光地の楽しみ方の新しい形になる、と考えた私は、従来、本格的な観光サービスとして展開されていなかった観光人力車事業への取り組みを決断しました。1992年に京都・嵐山で開業して以来、三十余年、試行錯誤を続けつつ、ゼロから観光人力車という新事業に取り組み、事業モデルを確立し、俥夫という新しい職業を育てながら全国に事業を拡大してきました。現在、私の会社は全国チェーンで展開する唯一の観光人力車事業会社となり、全国11拠点に268台の観光人力車でお客様をおもてなししています。明治初期に発明され、明治の半ばから後期にかけて都市の移動手段として全盛時代を迎えた人力車は約半世紀で姿を消し、写真や絵図の中に姿を残すのみです。

この人力車が復活したのが1970年頃でした。江戸時代以来の古い町並みをレトロな人力車で巡る旅のスタイルがこのとき生まれました。しかし、観光人力車が、すぐに全国の観光地に広がったのではありません。1980年代初めに愛媛県の松山市でも走り始めましたが、全国の観光地への普及は見られなかったと思います。

私が観光人力車に関心をもったのは、バブル経済全盛期の１９８０年代の終わり頃、飛騨高山に遊びに行って人力車に乗ったら楽しかったという従業員の土産話を聞いたことがきっかけです。当時私は、中古車の販売と輸入車や国産スポーツカーなど若者に人気のある車に限定したレンタカー事業を小さく手掛けていました。スポーツカー人気が高まり、折からの好景気を追い風に事業は順調でしたが、１９９０年春頃から日本経済は急速に悪化し間もなくバブル経済の崩壊を迎えて、私は新たな事業を立ち上げたいと思っていました。ちょうどそのときに従業員から耳にした人力車の話が非常に新鮮だったのです。「観光地×人力車」というのは面白い組み合わせだと感じました。

１９８９年に3万８０００円を超える史上最高値を付けた日経平均株価は、翌年に大暴落し年末は2万４０００円まで下がり、１９９２年8月には1万４０００円台にまで落ち込みます。当時の宮沢内閣は東京一極集中の解消を打ち出し、バブル経済崩壊後の社会づくりを展望していました。

国際的にもエコロジー、自然環境の保全が声高に叫ばれるようになっていました。もはやスポーツカーをかっこよく乗り回す時代ではありません。自然豊かな地方を見直し、その魅力をゆっくりと味わう時代へと変わっていこうとしていました。

新たな時代の観光地の巡り方として、人力車は魅力的です。実際に私の身近にいる若い人がこんなに楽しかったと言っているのだから、乗りたいと思う人は全国にいるはずです。私自身、写真や絵の中でしか知らない人力車に乗れるのなら一度は乗ってみたいと思っていました。おそらく多くの人も同じような気持ちを抱いたと思います。

「観光人力車事業」――これは有望だと私の気持ちは大きく傾いていきました。従業員から聞いた利用料金も、新規事業として企画するにあたって魅力的でした。その後、人力車の魅力を多くの人に知ってもらいたい、という思いは私のなかで確実に固まっていましたが、思いだけではビジネスとしては成立しません。一時の思い込みではなく、ビジネスとしての裏付けがあってこそ、長く続けていける事業になるのです。

その点でも可能性はありました。採算に関して概算してみましたが、不確定要素は多いものの、事業として十分成り立つ数字だと思いました。調べてみると人力車を製造している会社が今でもあり、販売価格は当時1台約160万円でした。飲食店などをオープンすることに比べたら初期の投資額も決して大きなものではありません。あとは事務所と運営スタッフ、そして俥夫がいてくれたら成り立つと思いました。

私は観光人力車事業に本格的に取り組もうと考え、参考のため自分でも観光人力車が走っている現場を見に行きました。

提供するのは単なるレトロな乗り物体験ではない

ところが私が見た観光人力車事業は想像していた姿とかけ離れていました。

私の目に映ったのは、個人商店の、すでに中年の域に達した社長が自ら俥夫になって黙々と引いていたり、年配の俥夫が客待ちをする間、人力車に寄りかかってたばこを吸ったりしている姿でした。車の掃除や手入れも行き届いていませんでした。確かに乗っている人は楽しそうで笑顔でしたが、俥夫とお客様の弾んだ会話が聞こえてくるわけでもなく、俥夫が車を止めて案内をしたりお客様の写真を撮ってあげたりしているような様子もなかったのです。

たまたま見た人力車がそうだったのかもしれませんが、私が想像したような、俥夫に案内されながら人力車で一緒に観光を楽しむという姿はなかったのです。そこで提供されていたのは、ただ人力車というレトロな乗り物の体験に過ぎないものです。

しかし、単なる珍しい乗り物体験なら、ほかにいくらでもあります。観光地で、しかも人が引く人力車なのだから、引っ張ってもらいながら楽しく案内してもらうことにこそ価値があるはずです。つまり、観光人力車の魅力は、単に人力車に乗れるということではなく、「俥夫が引く人力車」に乗れるということであり、俥夫とのコミュニケーションが楽しめるところにあると私は思っていました。

人力車の魅力とは、つまるところ俥夫です。人力車ならではの風を切る爽快さも、ゆったりとしたスピードの心地よさも、俥夫のおもてなしと笑顔、そして観光地にちなんだ豊富な知識から生まれる楽しい案内や会話と一体になってこそ大きくなるはずです。

俥夫にしかできないことがある

当時は旅に出るにも旅行雑誌の情報だけが頼りでした。その後2000年以降になってようやくインターネット上にあふれるほどの情報が提供されるようになりました。しかし、自分の言葉で地元ならではの情報を伝えてくれて、さらに「あなたが知りたいもの、興味のあるものなど、あなたに合わせた情報提供や観光案内をします」という存在を当時の観光地で急に探そうと思っても難しかったと思います。もしそういう存在があったら、観光は何倍も何十倍も楽しいものになるはずです。既知の情報をなぞって確かめるような観光にはないワクワクするものがきっと生まれると思います。情報過多の時代になって観光はいつの間にかあらかじめ知っているところに、知っている内容を確かめに行くようなものになっている印象も否めません。

しかし、観光人力車の俥夫はそこで生活し、仕事をしている人間です。地元ならではの情報でゲストを歓待することができるのです。しかも俥夫は人力車という移動手段をもっていてゲストを乗せて移動することができます。情報提供だけでなく、実際に見て回ったり、その場所に案内したりできるのです。旅行体験がまったく新しいものになることは間違いないと私は確信しました。

だから私は、実際に走っている観光人力車を見て、「これは違う」と思ったのです。ホストとして俥夫がもっと前に出てコミュニケーションを取らなければならないと感じました。一方で、ただ乗るだけでも人がこれだけ笑顔になれるのだから、俥夫がもっと魅力的であれば、新たな観光事業として必ず成功すると思いました。自分が取り組むなら、お客様を心から楽しませるためにもっと一生懸命になる俥夫を集めて、人力車観光を単なるレトロな乗り物の体験には終わらせないようにしよう、と考えたのです。

事業の主役は人力車という乗り物ではなく俥夫です。観光人力車事業の最大の商品は人であり、人次第でこの事業はもっと大きく、どの観光地でも通用するものになると思いました。

京都嵐山でスタート。立ち姿も美しく

1992年3月、飛騨高山で人力車を実際に見てから1年足らずで、私は京都の嵐山で観光人力車事業を始めました。私は福岡の出身ですが、京都が好きで、なかでも嵐山は私がいちばん心惹かれる場所です。京都に住んだこともあり、そのときも中心街からバイクを飛ばしてよく遊びに来て、ただ嵐山の河原に寝そべっていました。看板一つ目に入らない嵐山の穏やかな山容や、水面の近くに木橋ならではの優しい姿を見せる渡月橋《とげつきょう》、平安貴族が別邸を構えて遊んだ緑豊かな小倉山《おぐらやま》――観光人力車を始めるならまずこの嵐山からと決めていました。

もっとも嵐山には、人力車が移動手段として活躍した明治・大正時代に由来する何かがあるわけではありません。明治の文豪、夏目漱石ゆかりの松山市や同じく島崎藤村ゆかりの飛騨高山であれば、伝統的な古い町並みには人力車の姿が似合うかもしれません。

しかし、嵐山といえば平安時代、鎌倉時代にさかのぼる皇族・貴族の別荘地であり、明治のイメージは希薄です。その点では嵐山に人力車はそぐわないという考えもあります。しか

し、この町に流れるゆったりとした時間、嵐山の穏やかな山の姿や広沢池《ひろさわのいけ》や桂川《かつらがわ》などの水の流れ、伝統ある神社仏閣や大河内山荘《おおこうちさんそう》、嵯峨鳥居本《さがとりいもと》の古民家、竹林などの風情あふれるたたずまいに、人力車はよく似合うと思いました。町の大きさも人力車で周遊するのにちょうどよい規模です。

しかも京都の嵐山といえば、国内はもとより世界屈指の観光地です。ここで成功すれば、どこに行ってもできるはずです。新たに観光人力車が受け入れられるのか、決して簡単ではないと思いましたが、嵐山をバックに桂川の河畔の道を人力車が走ったら絶対に絵になります。私自身がその景色を見たいと強く思っていました。会社を立ち上げた私は、渡月橋から少し住宅街に入ったところに事務所兼車庫を確保し、最初は3台で始めることにしました。

俥夫を募集すると予想を大幅に上回る数十人の応募者がありました。8割近くが大学生で、嵐山を訪れる観光客を自分がもてなしたいという熱意にあふれる若者たちでした。もちろん経験者はいません。経営者の私も初めて立ち上げる事業であり、応募者も実物の人力車など見たことがなく、もちろん引いたこともないという素人集団です。ただ熱意だけは高く、観光人力車事業は「人こそ主役」と考えていた私を勇気づけるものでした。

応募者が多かったことも幸いして約10人の優秀な人材を確保することができました。私は新任の俥夫に、立ち姿や振る舞いの大切さ、マナーや言葉遣い、観光知識、お客様の安全や周囲の交通や歩行者への心配りを怠らない車の引き方などを一つひとつ教え、君たちこそ観光人力車の主役だ、と伝えて一緒に事業を始めました。

俥夫は絵にならなければいけない、かっこよくなければいけない、と私は考えていました。観光人力車はいわばフィクションの世界の存在です。今の時代、時間を気にして手早く観光しようと思えばいくらでも方法はあります。タクシーを使えばいいし、レンタサイクルもあります。そうした便利なものをあえて使わず、明治時代のレトロな乗り物を復活させて町を巡るというのは、お客様と俥夫が一緒に紡ぐ物語なのです。その夢を壊してはいけないし、完璧につくり上げなければいけません。京都で名勝庭園の手入れを行っているある庭師は、自分は若い人を現場に送り出すときに、庭師として仕事をする姿が庭の価値を上げる点景になっていなければいけないと言って聞かせていました。それは、庭師の姿が庭の風景を乱してはならない、竹ぼうきを使って庭を掃くときですら、その姿が絵になっていなければいけない、というものです。

また、ある旧家の旦那さんは知人に庭を披露するときに、あえてお抱えの庭師を呼んでいました。それは手入れされたあとの庭を見せるだけではなく、その絵のなかに庭師を配して鳥のさえずりに加え植木ばさみの音を響かせるためでした。私は俥夫も同じだと思いました。

俥夫も法被や腹掛け、股引《ももひき》、足袋という昔ながらの衣装をきちんと身につけるところから始まります。人力車を引くときも止まっているときも、お客様を待って人力車のかたわらに立っているときも、気を引き締め姿勢を良くして人力車とともに町の風景に溶け込んでいなければならない、観光人力車事業はそこから始まるのだと私は繰り返し俥夫に伝えました。

観光大使であること

立ち居振る舞いや服装と並んで私が俥夫に求めたのは、私の会社の従業員である前に地域の観光大使であれということでした。自分の人力車に乗ってくれる人だけでなく、観光で地域を訪れるすべての人がお客様であり、その人々に対して、よく来てくださいましたという気持ちをもって、いつも笑顔で親切で優しく応対すべきだと言ってきました。

観光客はその土地へ楽しみに来ているのです。その期待を裏切らず、たとえ人力車に乗ってもらえなくても、数日間の観光が楽しくすばらしい思い出になってくれるようにサポートすべきだからです。道を聞かれたら丁寧に教える、カメラのシャッターを押す人間を探しているようなら自ら撮りにいくなど、できることはたくさんあります。確かにそういうことをすれば自分の仕事の時間が削られます。しかし、最優先すべきなのは観光客にここで楽しい時間を過ごしてもらうことです。

地域の観光に関する情報については、歴史の勉強もきちんとして観光名所と呼ばれるスポットに関してはどんなことでも答えられるように学び、歴史的な名所だけでなく、植物についても、飲食店や宿泊施設、商業施設などについてもきちんと情報収集しておくことを求めました。例えば京都であれば京都商工会議所が主催する京都検定の受験とともに、社内でも定期的な試験を実施しました。俥夫も積極的に情報収集に努め、評判になっている商業施設や店舗、おいしいと人気の飲食店などには休日を利用し、自分でお金を使って食べたり飲んだりしながら、提供できる情報を増やしていました。黙って人力車を引くだけならこうした情報収集は不要です。しかし、お客様に満足してもらうため、俥夫それぞれが自主的に情報収集に努め、互いに共有していきました。それだけでなく、そういう行動を重ねていくことで俥夫たちも、自分たちも町の一員だという意識が芽生え、逆に町の人たちからも認めてもらえるようになっていきました。

また、自分から率先して英語や中国語、韓国語などを習いにいく俥夫も出てきました。デジタルカメラの操作だけでなく各種スマホの写真撮影のテクニックを磨く俥夫も増えました。さらには俥夫同士の自主的な勉強サークルもできました。それも少しでも地域の観光を楽しんでもらうという、地域観光大使としての役割を果たしたいという思いからです。

嵐山でスタートした私の観光人力車事業は、それまでぽつりぽつりと2、3の観光地で行われていたものとは大きく異なり、俥夫の伝統的な衣装がよく似合うさっそうとした若者が前面に出て笑顔で接客するものになっていきました。お客様との会話も弾み、すぐに話題を呼びました。

京都・嵐山といえば、飛騨高山や松山を訪ねる観光客の数とは桁が違います。情報の発信力も大きく嵐山の観光人力車は大きな評判になり、開業3カ月後の6月には当初の倍の6台を擁するようになり、9月には12台まで一気に拡大しました。

サービスを統一する

しかし1カ所で10台以上を擁して展開する観光人力車事業は全国でもあまり例のない試みです。そのためいろいろな壁にぶつかりました。

その一つは料金とコースです。事業開始当初は時間あたりの料金だけ決めていましたが、どこをどう回るかコースは決めず、俥夫に任せていました。俥夫が乗車希望のお客様と打ち合わせ、回る道順を決めてスタートするというものです。どの俥夫も1日7時間くらい働いていました。ところが事務所で1日の終わりに集計すると、労働時間に対する売上金額の計算が合わないのです。どこかで落としてしまったのか。しかしみんながみんな落とすわけもありません。

よく話を聞いてみると、お客様と意気投合して30分コースの約束で走り出したのに、途中の写真撮影で時間を取ったとか、説明を丁寧にし過ぎて長引いてしまった、新しいところに行ってみたが、道に迷って時間がかかってしまった、なかにはお客様と意気投合して勝手におまけして40分走ってきたなどということまでありました。精いっぱいおもてなしをしたいという熱意は分かるのですが、これでは噂を聞いた人が「私にもおまけして」と言いかねません。「前回の俥夫はこうしてくれたのに、今回は違った」「友人から聞いている話と違う」といったことも起きてしまいます。それが重なればやがて料金体系はあってないようなものになり、サービス全体への信頼が低下してしまいます。収支計画も狂い、事業を大きくしていくことができません。

そこでこれまでのお客様の反応や人気スポット、逆に想定したほど喜ばれなかったところなどをお客様の年齢や性別などとともに整理し、代表的な時間とコースを改めて決めました。もちろん、走り始めてから行き先が増えたり、変更したほうがよかったりする場合も出てきますが、そのときも時間厳守は徹底し、その範囲内で可能なら実行するということを確認しました。

観光人力車は俥夫の一人ひとりがサービスを提供するものであり、いったん走り始めれば俥夫とお客様だけの世界になります。俥夫それぞれのキャラクターに負うところは大きいのです。しかし、だからといって提供サービスにばらつきが出ることは避けなければなりません。それを認めていたらサービス事業として信頼性の高いものにならないからです。俥夫の個性を認めて大いに活かしながらも、サービスの統一を図ることが必要でした。

バス、タクシー、乗用車との共存を図る

嵐山で始めた観光人力車事業は、お客様に人力車を利用してもらうという意味では予想以上の成果がありました。最初の3台の人力車も、当時の俥夫たちの頑張りのおかげでわずか半年で4倍の12台に増やすことができたのです。しかし事業を安定させさらに拡大していくためには、大きな課題があることも明らかになりました。小さな町で2台、3台を動かすだけなら問題はないのですが、12台がのべつ幕なしに走ることになるとどうしても周囲に迷惑をかけることが増えてしまうのです。

人力車は道路交通法でいう軽車両に該当し、自転車や荷車と同じ扱いです。ただし自転車

には特例があり、特別に標識などで通行が認められた歩道はスピードを落として走ることができますが、人力車にはこの特例はありません。走ることができるのは車道のみです。

ところが日本の道路は全国どこでも自動車優先につくられ、わずかに余った道路の端の部分を人が歩くというものがほとんどです。しかも、路肩に駐停車する車が多く、バスなどの大型車両は、反対車線に大きくはみ出さざるを得ない場合が少なくありません。その公道を昭和初期以来完全に姿を消していた人力車が再び走るというのは、まったく想定外のことだったと思います。ただでさえ狭く、駐停車車両が多い道路を、自動車とは大きくスピードが異なる明治の遺物ともいえる人力車が走ることになったからです。そのため、当初はタクシーやバスなどの公共交通機関から「運行に支障が出る」という声が上がりました。俥夫のほうでもタクシーやバスはもちろん、営業車や自家用車の通行の邪魔にならないように神経を使い、止まってやり過ごしたり、ギリギリまで端に寄ったりするなどの対応を取りました。しかしそれでもなおクラクションを鳴らされたり、幅寄せをされたりといったトラブルはなかなか解消できませんでした。これでは人力車に乗ってくれたお客様の気持ちも沈んでしまいます。

そこで私をはじめ会社の運営担当者は直接タクシー会社やバス会社を訪ね、解決に向けて話し合いを重ねました。最初の頃は多少けんか腰のやりとりもありましたが、もちろん私たちのほうが新参者です。丁寧に辛抱強く話し合いを続け、人力車のコースを再検討したり、時間帯も考慮して交通量が多いところや狭い路地を避けるようにしたり、人力車の後ろに自動車がつながったりしてしまわないような臨機応変の回避の方法をさらに工夫するといった改善を続けました。

俥夫も今まで以上に周囲の交通に気を使うようになり、双方の歩み寄りの結果、観光人力車がいつしか嵐山観光の目玉の一つになっていくと、自然とバス、タクシー側とのトラブルもなくなっていき、次第に応援してくれるようになりました。

こうして少しずつ人力車は一緒に地域の観光事業を盛り立てていく仲間だと認識してもらえるようになり、道路上でも互いに気を使うようになって、車道走行に伴う問題はほぼ解決することができました。

突然日常生活のなかに入ってきた人力車への戸惑い

人力車が走り始めるということは、同じ公道を走るバスやタクシーの営業に直接関わるということだけではありません。道路にはこの町で事業をしているさまざまな人の車や、この地域に住む一般の人々の自家用車も走っています。商店街の人にとっては日常的に目の前を人力車が通り過ぎるようになるということであり、観光スポットから観光スポットへと向かう道路の一部は住宅街の生活道路でもありますから、ここにも常に人力車の姿があるということになりました。

これは、この地域に生きる人にとって、まったく初めての経験です。指折りの観光地とはいえ閉ざされたテーマパークではありません。太秦《うずまさ》の映画村でもディズニーランドでもないのです。ごく普通の生活の場所ににわかに人力車が走るようになったわけです。

明治の最盛期に全国で約20万台が所有された人力車は、京都府では９５００台以上が所有されていたと記録されています（斎藤尚久『京都における都市交通市場の成立』同志社大学学術リポジトリ所収「京都府統計資料集」）。おそらく京都駅や四条河原町《しじょうかわらまち》近辺の中心街が主要な活躍の場所であり、商業中心地から大きく離れた嵐山ではほとんど姿は見られなかったはずです。とすれば、嵐山に初めて人力車が頻繁に走るようになったのは、私たちが観光人力車事業を始めたときということになります。

人力車数の推移

年次	人力車	
	全国	京都府
	台	台
1876	125,253	5,055
1877	136,761	4,395
1882	166,584	6,963
1887	190,819	6,988
1892	186,799	8,627
1897	200,690	9,615
1902	195,523	9,743
1907	165,995	8,868
1912	134,232	7,368

京都府統計資料集より作成

人力車に乗る観光客にとっては数年に一度のことかもしれませんが、地域の商店や住民にとっては人力車が走る風景が毎日のことになり、それが日常になるということです。俥夫はお客様と会話しながら走りますから、その声が大きければ、静かな住宅街ではうるさく感じる人もいると思います。

また、お客様を待つ間の人力車の待機場所としての駐車場をどうするかも大きな問題でした。1台、2台であればそれほど邪魔にならないとしても、数台から10台近くにもなればいくら路肩の広い場所でも通行の妨害になり道路使用の許可も必要になります。実際、最初の頃は、観光人力車の登場を歓迎できないと受け止める地元の人も少なくなかったのです。事業を始めて1年くらい経ったとき「観光客に人気の人力車　でも軋《きし》みも聞こえる」という見出しの新聞記事が出ました。バスやタクシーなどとの道路上での関係だけでなく、俥夫の声がうるさい、歩行者が迷惑している、人力車に観光客を誘う俥夫の声掛けがしつこく迷惑が及んでいるのではないか、という指摘がされていたのです。

確かに事業の開始当初は、俥夫がやや強引な勧誘をした例があったことは事実です。そのため私たちは社内に設けた管理部のメンバーが現場の実態を調べ、強引と思える勧誘を厳禁するとともに、当地の観光が気持ちよくできるように、観光客の知りたい情報があれば「観光大使」として快く提供することなどを細かくルールとして定めていきました。

さらに私たちは人力車を止めるために駐車場を借りたり、またお客様とコース打ち合わせをするための道路使用許可の取得も進めたりしました。例えば嵐山観光の人気のスポットである二尊院《にそんいん》には私たちの会社専用の人力車駐車スペースも確保しています。

専用の駐車スペースに整然と並ぶ人力車

また、地域の観光協会にも所属し、観光を盛り上げるメンバーの一員として積極的に地域に入り、コミュニケーションを取っていきました。寺院の拝観についてもあらかじめ寺院側と相談し、人力車がどこまで入ってよいのか、お客様の拝観に俥夫は帯同してもよいか、待機する場所はどこがよいかといった詳細を打ち合わせ、寺院側やほかの参拝者に迷惑がかからないような対策を取り決めていきました。

嵐山の観光スポットとして人気の竹林には、竹林管理用道路があり、ここは人力車のみが通ることができます。竹林は人気のスポットで非常に混雑する場所であることから、歩行者と人力車がそれぞれ安心して竹林を楽しめるようになっているのです。これも地域の人に人力車観光が受け入れられた証しの一つではないかとうれしく思いました。

商店、地域住民のなかに溶け込んでいく

小さなことですが、俥夫が着るシャツの背中には、大きな文字でその地域の名前を記すことにしました。嵐山は嵐、浅草は雷、鎌倉は鎌倉という具合です。ほかの会社が運営する人力車では俥夫の背中には運営会社の社名が入っているのが一般的です。しかし私たちが考えている観光人力車事業は、地域の発展に感謝し、その発展に貢献する事業です。

私たちは俥夫一人ひとりが「観光大使」として地域を背負って立っているという自負を込めて、背中には会社名ではなく地域名を入れ、地域の観光の一環として走っているということを示したいと考えました。俥夫の背中はお客様の目の前に見えるものです。お客様が座ったままカメラを構えれば、景色とともに背中の文字が映り込みます。それを会社名にすれば

地域の名前が入った法被《はっぴ》に身を包む俥夫

自社の宣伝になるかもしれませんが、知ってほしいのは会社ではなく、私たちが働かせてもらっている土地の名前です。ですから私たちはその土地の看板を背負って走っているという自負を持っています。

また私たちは雨の日も雪の日も休まずに走ることにしました。

通常の観光人力車事業では、雨や雪の日は休みとするところが少なくありません。人出も少なく、営業の効率が悪いという判断もありますし、俥夫にとっても路面も濡れて、走りにくくなります。しかし観光客も天気は選べないのです。楽しみにしていた観光があいにく雨の日に当たってしまうということは避けられません。そこで雨だからと人力車まで休んでしまったら、雨でも旅行を楽しみたいと考えている観光客をさらにがっかりさせることになります。

そのため私たちは走行が危険になるような豪雨や台風、強風などの天候以外は、雨でも雪でも走ることにしたのです。観光人力車事業は、観光客と地域のために存在するのであり、自社の事業優先にしてはいけないと考えたからです。

さらに、私たちはお店の人と目が合えば元気に挨拶し、住宅街では声が大きくなり過ぎないように気をつけ、歩行者と同じ道を走るときは、安全に配慮して後ろから元気に「こんにちは」と声を掛けながら「人力車が通ります」と呼びかけてゆっくり走ることにしました。これから長く人力車と付き合う人の気持ちになって、少しずつであっても町に溶け込んでいくことを考えていきました。

間もなくバスやタクシーのときと同じように、私たちの事業は町ににぎわいをもたらすものとして好意的に受け止められていくようになりました。道を歩く観光客や地元の住民も、多くの人が笑顔で道を空けてくれるようになりました。

今まで存在しなかった事業を伝統ある観光地で行う以上、地道な努力は欠かせません。少なくとも10年は掛かると覚悟し、実際それくらいの年月は必要でした。管理者は現場に出ずっぱりで、俥夫の立ち居振る舞い、人力車の走らせ方、周囲の交通や商店の人、歩道を歩く観光客が人力車に何を感じてどういう反応をしているのか、それに対してどう対応すべきか、連日大学ノートに何ページものメモを走らせ、内規を定め、対外的な話し合いを進めていったのです。

昭和の初めには完全に姿を消していた人力車を公道で復活させ、観光事業として定着させるということは、すべてがゼロからの挑戦でした。本当に市民権を得たと感じたのは、事業開始から20年以上が経ってからだったと思います。そのさまざまな取り組みのなかで、特に私たちの事業への理解が進む大きなきっかけとなったものに、事業開始当初に着手し、それ以来一貫して継続した町の清掃活動がありました。

公道が仕事場。きれいな町こそ経営資源

嵐山での観光人力車事業がなんとか軌道に乗り、2店舗目を南禅寺界隈《かいわい》に出したときのこ

とです。人力車のコースに白川《しらかわ》という川があり、あるとき俥夫が川沿いを走りながら「ここは蛍が生息しているんです」とお客様に説明していました。

ところがその目の前に多くのゴミが捨てられていたといいます。俥夫もお客様もゴミは目に入っていました。特にそれが話題になることはありませんでしたが、俥夫はゴミのことが気になり、次の休日を利用して川の掃除に出かけました。

するとたまたま通りかかった同僚の俥夫がその姿を見て「何をしているの？」と声を掛けたのです。掃除をしていた俥夫は「ここはゴミが目立つ。このままではお客様に人力車を楽しんでいただけない。どうしてもきれいにしたいんだ」と説明しました。話を聞いた俥夫も「確かにそうだ。それなら店の俥夫全員でやろう」と店に話をもち帰り、毎週1回、全員で川の掃除をすることにしました。

その効果は絶大でした。間もなく川辺は非常にきれいになり、きれいなところにはゴミが捨てにくいという通説のとおり、それ以来ゴミが捨てられることもなくなっていきました。もちろん地域の商店や住民も喜び、俥夫も胸を張って「ここには蛍がすんでいるんです」と説明できるようになりました。この話はすぐに嵐山店に伝わりました。

「確かに俥夫の仕事場は公道であり町そのものだ。デスクワークをする人が毎朝、机の上や事務所内をきれいにして気持ちよく仕事に取りかかるように、自分たちも仕事場である道をきれいにして気持ちよく仕事をしようじゃないか」ということで意見が一致し、毎日始業の前に人力車の足台にゴミ箱を積んで、全員で道路掃除をすることにしました。風光明媚《めいび》といわれる嵐山も、当時はゴミが結構落ちていたのです。

しかしこの掃除を始めてから町はみるみるきれいになっていきました。商店街の人はもちろん地元の人もみんな喜んでくれ、商店街の人は向こうから「毎日ありがとな、おかげできれいになったわ」「道がいつもきれいでうれしい。あんたたちが来てくれたおかげや」「おたくの人力車が走ると気持ちがいいな」などと声を掛けてくれるようになりました。

この清掃をきっかけに、人力車と町の人々の距離はグンと縮まりました。店頭に出ている商店のご主人が向こうから声を掛けてくれたり、住宅街ですれ違う住民が会釈をしてくれたりするようになったのです。

観光人力車にとっては、自分たちが走る町の景色や景観こそ事業を成り立たせる基盤であり、最も大切にしなければいけない経営資源です。それをきれいに維持するのは私たちの仕事の一環だということを気づかせてもらいました。そして地域の理解と応援があってこそ観光人力車事業は成り立つのだということを再認識することができました。もし地域から邪魔だ、迷惑だと思われていたら、人力車のお客様にもその雰囲気は伝わります。歓迎されていないと感じたら乗車体験は決して楽しいものにはなりません。商店街の人や町の人が、よく来てくれました、人力車もいいでしょう、ぜひ楽しんでください、と歓迎する気持ちが見えればこそ、乗車の楽しみは倍増するのです。

自主的な清掃活動に引き続き、私たちはほかにも何か地域に貢献できることはないかと考え、さまざまな取り組みを続けました。地域の行事への参加や協力はもちろん、二尊院のあじさいを守る活動（植樹）に参画したり、「こども110番」の事業にも協力し、何かあったときには人力車に気軽に助けを求めてもらえるようにステッカーを貼ったりもしています。

細い路地が多く救急車両が入りにくい京都中心部で人力車を走らせる東山店では、日本で初めてＡＥＤ（自動体外式除細動器）搭載の人力車を走らせ、俥夫がＡＥＤの講習を受講しました。救急車の到着が遅れても、人力車が持ち前のフットワークの良さを発揮して、いち早く駆けつけます。

ほかにも、小学校の行事や地蔵盆に合わせて子どもたちのための無料の乗車体験イベントを行っています。人力車に親しんでもらうために地域活動に積極的に取り組んでいます。こうした小さなことで少しでも人力車を身近に感じてもらい、子どもたちが未来のお客様に、もしくは未来の俥夫にでもなってくれたら、こんなにうれしいことはありません。

地域との関係を深めることで、徐々に私たちも地域の一員として認めてもらえるようになっていきました。もちろん、一朝一夕に築くことができたのではありません。最初の10年は試行錯誤のなかにありました。次の10年を経て私の会社が創業20年を迎えた頃から、地域で欠かせない事業と認めてもらえるようになりました。嵐山でさまざまなことを学び、その一つひとつをノウハウとして蓄積するなかで、地域とともに歩む観光人力車事業のあり方を体系化し、それを展開する形で2000年以降、少しずつ全国の観光地に店を構えるようになりました。そのなかには、地域の行政からぜひ来ないかと誘ってもらったものもあります。創業の地である嵐山での積み重ねがなければ、全国で取り組める事業ノウハウを手に入れることはできなかったと思います。

アンケートでお客様の声を反映する

お客様の声を集めるためのアンケートも事業を開始してから早い段階で実施しました。観光人力車事業を本格的に展開するのは私たちが日本で初めてです。また一人の俥夫が車を引きながらおもてなしをするものであり、人の要素は非常に大きなものです。アンケートを通してお客様がどんな感想をもったか、俥夫のおもてなしはどうだったか、できる限りの声を集めたいと思いました。乗車後のアンケートという形であれば、乗車時に感じても面と向かっては口にしにくかったことも記述してもらえます。

アンケートは乗車後に俥夫が手渡しするセットの中に組み込みました。セットの内容は、担当俥夫の署名が入った領収書と優待券（特別料金で次回乗車できるもので3年間、全国のどの店舗でも有効）、四季ごとにデザインを変えたステッカー（4枚集めるとオリジナルグッズのプレゼントあり）、そしてアンケートです。アンケート用紙はそのまま投函できるようにはがきにして（現在はデジタル化）、乗車日時と俥夫名、乗車しての感想、俥夫のおもてなしについての評価、さらに自由記入欄を設けて感想や意見を聞くことにしました。アンケートの回収率は高く、それが私たちや俥夫本人の励みになり、また改善点発見の大きなきっかけになりました。アンケートは過去にさかのぼって自筆の文面のまま署名欄のみ匿名にしてホームページにも掲載しています。

「……お兄さんのお話が面白かったのはもちろんですが、道を歩いていらっしゃる方へのお声掛けや海外のお客様への各言語でのお声掛け、そのホスピタリティの高さに感動しました。また乗りたいと思っています。楽しい時間をありがとうございました」

「……乗り心地がとても良く、話も上手でした。子どもは『あと50回くらい乗りたい』と大喜びで大人になったら人力車を引きたい！と話しています」

「最初は正直、少し高いかなと思ってしまっていました。しかしその考えは開始後すぐ吹き飛びました。とても楽しいお話と興味深いガイド、そしてまさにプロ！と思わせる写真まで撮っていただいて本当に大満足です。今回の京都旅行のＭＶＰは間違いなく俥夫さんです」

このようなアンケートを読むと、本当にこの事業を始めて良かったと心から思います。そして毎日頑張ってくれている俥夫たちにも「ありがとう」という感謝の気持ちを伝えたいです。

ステッカー

乗車後アンケート

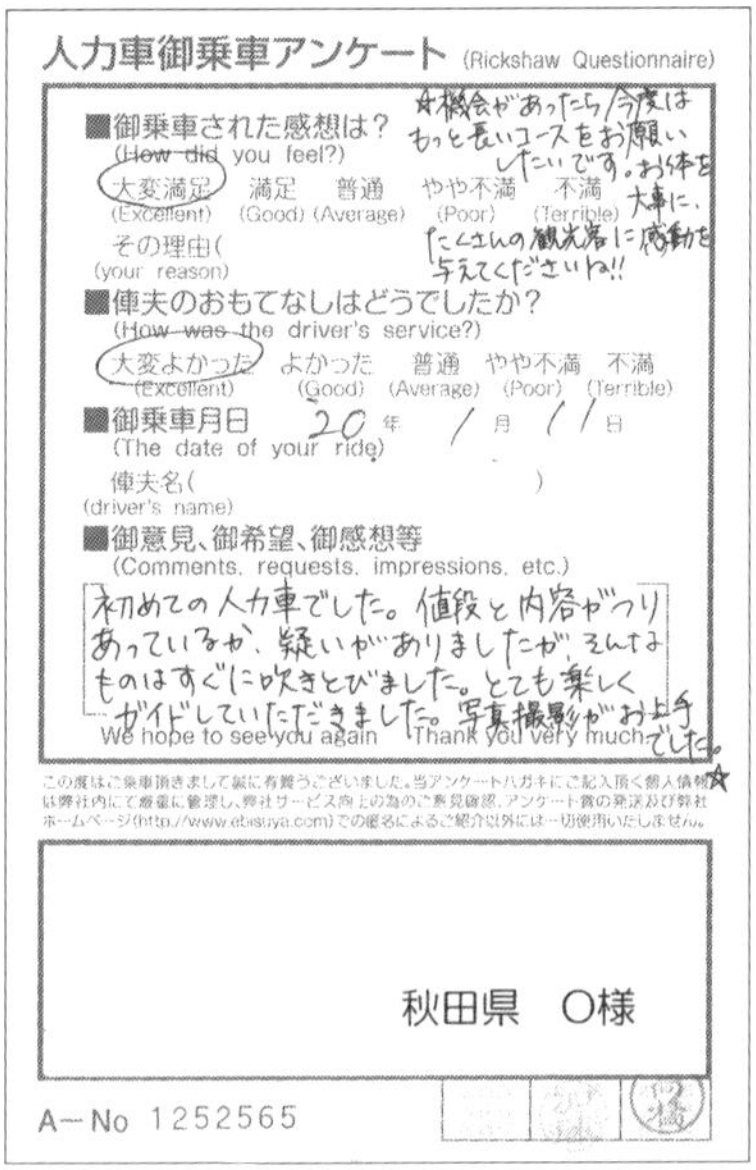

人力車御乗車アンケート (Rickshaw Questionnaire)

■御乗車された感想は？
(How did you feel?)
大変満足 満足 普通 やや不満 不満
(Excellent) (Good) (Average) (Poor) (Terrible)
その理由(
(your reason)
☆機会があったら今度はもっと長いコースをお願いしたいです。お体を大事に。たくさんの観光客に感動を与えてくださいね!!

■俥夫のおもてなしはどうでしたか？
(How was the driver's service?)
大変よかった よかった 普通 やや不満 不満
(Excellent) (Good) (Average) (Poor) (Terrible)

■御乗車月日 20 年 1 月 11 日
(The date of your ride)
俥夫名( )
(driver's name)

■御意見、御希望、御感想等
(Comments, requests, impressions, etc.)
初めての人力車でした。値段と内容がつりあっているか、疑いがありましたが、そんなものはすぐに吹きとびました。とても楽しくガイドしていただきました。写真撮影がお上手でした。☆

We hope to see you again Thank you very much

この度はご乗車頂きまして誠に有難うございました。当アンケートハガキにご記入頂く個人情報は弊社内にて厳重に管理し、弊社サービス向上の為のご意見確認、アンケート賞の発送及び弊社ホームページ(http://www.ebisuya.com)での匿名によるご紹介以外には一切使用いたしません。

秋田県 O様

A−No 1252565

オペレーションマニュアルを整備

地域の行政や警察署からの希望や意見、商店街や住民からの意見、そしてお客様の感想など、私たちはできる限りの情報を集め、地域における観光人力車事業をどのようなものとして確立していけばいいのか、検討を重ねました。その結果を事業の基本理念としてまとめ、また俥夫の研修資料を整備して誰もが同じ目標をもち、同じ気持ちで統一されたサービスを提供できるようにしていったのです。人力車の台数が増え、拠点も全国に広がっていくなかで、俥夫が迷いなく、そして同じ質の高さでサービスが提供できるようにすることが事業の展開と拡大の重要な要素だと考えました。

まず理念を4点にわたって明確にしました。「地域社会に感謝し地域社会に貢献し、ともに発展すること」「人々に愛される企業であること」「社会に貢献できる人材育成を心掛けること」「サービス業の模範となる最高のもてなしを行うこと」です。何よりも「地域社会への感謝」が一番に来なければならないと思っていました。それを踏まえて行動するうえでの重要事項として「お客様第一主義を貫くこと」「地域の人に認められる努力をすること」「目標完遂を目指すこと」の3つを定め、それぞれについて具体的な行動指針をまとめました。

「お客様第一主義」のなかで特に私が俥夫に伝えたかったのは、お声掛けをして断られたとしても、その人に対して、絶対に嫌な思いをさせてはいけないということです。時間などの都合で断る人がいるのは当たり前です。にもかかわらず断ったことが観光に来た楽しい気持ちに水を差すようなことがあったら、その日一日、あるいは旅行全体がつまらないものになりかねません。それは俥夫の売上などという些末《さまつ》な問題ではなく、地域の観光業全体にとってのマイナスです。「一人の俥夫である前に地域の観光大使であるという自覚をもってその姿勢を貫け」と私は繰り返し伝えてきましたが、その意味でも絶対にあってはならないことです。たとえ断られたとしても、その後の観光を気持ちよく続けてもらえるように、俥夫は最大限の努力を惜しまないこと、と通達しました。

これは簡単なことではありません。「トーク事例集」で「断られたときに返す言葉」を決めておくようなものでもありません。相手によって、また断られ方によって俥夫の言葉も変わります。もちろん単なる言葉の選び方だけでなく、表情や声のトーンやしぐさも重要です。つまり、心の底から「この町に観光に来てくださってありがとう、最高に楽しい旅にしてください」という気持ちになっていなければ、上手に断られることはできないのです。それができるのが本当のホスピタリティであり、おもてなしです。

私は俥夫に「すべてのサービス業の模範となる最高のおもてなし」を求めてこの事業を進めています。サービス業は職種も多く、タイプもいろいろです。「人力車の俥夫にそこまで？」と思う人もいると思います。しかし、私は俥夫にこそ、その覚悟が必要だと言ってきました。いったん乗車してもらったら、その旅が楽しいものになるかどうか、すべてが俥夫に託されています。

例えばテーマパークであれば、にぎやかな喧騒と人込みの中で乗り物に乗って楽しい時間を過ごすなど、いろいろと目先が変わって飽きさせない、いわば「動」のエンターテインメントです。

それに対して人力車での乗車体験は、また違ったちょっぴり大人の「静」の楽しみといってもいいと思います。そしてそれをどう楽しくするかのプロデュースはすべて俥夫にかかっているのです。人力車はすべて俥夫が自分の体と頭を使ってゼロからつくり上げるエンターテインメントです。これほど深く厳しいサービスの場面はありません。だからこそ最高のおもてなしができるのであり、私は俥夫にそれを求めました。俥夫もよく理解してくれたと思っています。

その基本的な精神を具体化するものとして、教育用の研修資料とオペレーションマニュアルを作成しました。この内容についても現場でのさまざまな経験、お客様や町の人の声を一つひとつ振り返りながら、立ち居振る舞いの細部、車の引き方、場面ごとのお客様に対する応答の仕方などを詳細に取り決め、座学と実技、そして公道を実際に走りながらの実地研修を含めて、地域発展の担い手になれるように俥夫の育成を行っていきました。

研修教官に渡す教本は、現場でのさまざまな経験を踏まえて毎年のように改訂し、「観光人力車俥夫」としてどのように働くべきか、その基本をつくっていきました。「息を切らしてお客様に説明をしてはいけない」「お客様を振り向くときは必ず笑顔でなければいけない」など、細かいことまで検討し、俥夫の心得としました。

また日頃から周囲の人や風景など、自分を取り巻く世界からいろいろなものを豊かに感じ取ることができるように一人ひとりに「感動ノート」をつくってもらい、その日出勤途上で目にしたり耳にしたりしたことから何を感じたか、書きとめる習慣をもつようにという指導もしました。最初こそ「何を書けばいいか」と困惑顔だった俥夫も、日を追ってさまざまな感想を書きとめることができるようになっていきました。それはきっとお客様との会話でも役に立ってくれると思っています。

主役は俥夫でも、俥夫だけでは事業はできない

観光人力車事業を成り立たせるのは俥夫であり、俥夫はこの事業の紛れもない主役です。ただし、俥夫だけでは事業はできません。私の会社が、3台の人力車と約10人の俥夫で小さな一歩を踏み出してから現在の規模に事業を拡大できたのは、徹底した顧客第一、地域第一の理念のもとでサービスのあり方を突き詰め、俥夫とともに実現してきたからです。

しかしそれだけではありません。お客様や地域、行政など事業に関係する人々との良好な関係をいかに維持していくのか、ということにも腐心しました。さまざまな声に耳を傾けて回答する、改善すべきところがあればその方策を考えて実現しなければなりません。

また俥夫が悩んでいたり困っていたりすることはないか、不満に感じていることはない

か、俥夫が常に最高のパフォーマンスを発揮できる環境を保たなければ最高のおもてなしはできません。そのために管理部門の強化も進めました。

車両の清掃や整備や修理、メンテナンスも怠ることはできません。人力車はお客様の命を預かって走るものです。複雑な機構があるわけではありませんが、快適な乗り心地を維持するためにも車両の管理は欠かせません。もちろん、清掃を行き届かせ、常に美しくなければいけません。私の会社では人力車が10台を超えた頃から専門の整備要員を配置し、人力車の性能や美観の維持に努め、俥夫の負担を軽減しながら常に安全で快適な走行が可能になるようにしていきました。またアシスターと呼ばれる人間を駐車場に常駐させ、俥夫とお客様との乗車前や降車後のコミュニケーションのサポート役にしました。もちろん事務所内には俥夫の管理スタッフがいて、予約客の振り分けや俥夫のスケジュール管理、体調管理、さまざまな相談への対応を行う体制を整えました。アシスターや管理スタッフの多くは元俥夫をしていたという経歴をもっている人間を起用するようにしたので、俥夫の業務への理解も深く、俥夫にとって頼りがいのあるサポートメンバーになったと思います。

こうした積み重ねがなければ、観光人力車事業を全国の観光地で展開できるビジネスとして定着させることはできなかったと思います。約10人の俥夫との出会いから30年、それまでになかった新たな事業を定着させるために私たちはさまざまな取り組みを重ねてきました。

俥夫のモチベーションを高める評価・人事制度、表彰制度

京都の嵐山で観光人力車事業を始めた当初、私は人力車を3台購入して俥夫を募集しました。当時は事業がどう展開するのかという見通しも定かではなく、俥夫は当面アルバイトを採用し、運営していこうと思っていました。京都には学生がたくさんいます。観光客のおもてなしに関心があり、ホスピタリティの心をもった健康で屈強な学生が応募してくれればと思っていました。

幸いに予想を大幅に上回る応募者があり、面接などこちらの対応が間に合わないほどで、昼食を取る時間もありませんでした。観光客を人力車に乗せ自分で引っ張りながら案内したいという学生がこれほどたくさんいるのかと驚きました。この事業にふさわしい能力と志をもった人間を採用し、期待以上のメンバーがそろいました。

しかし、志が高く優秀だといっても、どういう振る舞いや引き方が正解なのか、採用側も応募した側も「これだ」というものはもっていません。当初は個人単位で過剰なサービスが行われるといった混乱もあり、一日が終わるたびに倖夫を交えて振り返り、サービスの標準化を図りながら、叱られたことも喜んでもらえたこともすべて共有し、どうすればお客様の満足につながるのか、全員で検討していきました。それが会社の理念や重要事項、マニュアルにつながっていったのですが、他方で、倖夫の意欲的な取り組みに応える評価や昇給制度、表彰制度なども整えていきました。倖夫に対する教育・研修の実施は、同時に、それを達成した人間を正しく評価し、それにふさわしい処遇をするということに結びついていなければなりません。そうでなければ倖夫のモチベーションは上がらず、倖夫の成長も組織の成長もありません。しかも倖夫に応募してきた人間たちは、私たちの想像以上に倖夫の仕事に〝本気〟だったのです。それに応えなければいけないと思いました。

事業開始当初、私たちは、倖夫は元気で性格が良く、おもてなしの心とある程度の観光知識のある学生が来てくれればよいと考えていました。1年、2年くらい続けるアルバイトで、学生が入れ替わりながら勤めていく、それでいいと思っていたのです。

しかし学生アルバイトとはいえ、彼らは私たちの予想以上に真剣に俥夫の仕事に立ち向かおうとしていました。私たちはその姿勢のなかに改めて俥夫の仕事がもつ魅力を再確認すると同時に、彼ら俥夫たちが成長していく道筋をつくらなければいけないと思いました。

実際、学生アルバイトとして入りながら、卒業してもうしばらく続けたいという人間が出てきたり、事業拡大とともに俥夫の募集人数が増えるにつれ、社会人経験者が俥夫をしたい、自分のセカンドキャリアとして、真剣に取り組みたいと転職してきたりするようになりました。事業開始当初は、採用時こそ優秀と思えるメンバーを選抜しましたが、研修を終え独り立ちしてからは、どちらかといえば当人任せのところもありました。しかし彼ら自身が俥夫という仕事のなかで成長していきたい、上を目指したいという意欲をもっていました。それに応えるキャリアステップを提示することが必要でした。

目標を定めて努力を後押しする

俥夫たちのやる気と努力に報いるために私が考えたのはキャリアパスの設定です。俥夫としての力量だけでなく、人間的な成長も考慮していくつかの階級を設定し、それに合わせて給与体系も細かく定めました。

俥夫とはどういう存在であるべきなのか——私たち自身がその理想形を思い描き、そこから階級分けをしていきました。どういうことをクリアしたら上の階級に進めるのか、基準も明確にしています。おそらく日本初の明文化された俥夫のキャリアステップです。もちろん降格もあります。単に売上高を見るのではありません。理念や行動目標との関係で本人のどういう行動が評価できるのか、アンケートの回収率やアンケート上での評価内容はどうか、人力車の操作は正確で安全か、さらに管理社員からの評価などもすべて加味して総合点を集計することにしています。

また総合点の高い人だけを評価するのではなく、独自の賞を設け、こちらは階級を上っていくための評価とは関係なく、売上の数字にも影響されることなく、従業員がお互いを見て決めるものにしました。新人でも挨拶が非常に良いとか、朝の出勤後の掃除を丁寧にしていた、お客様とのコミュニケーションがよく取れている、アンケートの内容が特に良かったといったことも評価の対象です。

たとえ売上の数字が伸びていなくても、いい仕事をする人間はいくらでもいるのです。組織の潤滑油的な存在として欠かせないというタイプの人間もいます。「あいつがいると職場が明るい」「面倒見が良くてみんなに慕われている」――これもチームを強くするものであり十分に評価の対象です。熱心に掃除をしている姿を見た観光客が、別の機会に人力車に乗ってくれるかもしれません。それは掃除をしていた俥夫の売上にはカウントされませんが、間接的には売上に貢献したことになります。一生懸命働いているのに数字が上がらないというだけで評価が低ければ、働いていても楽しくありません。いろいろな角度から一人ひとりの良いところを評価できるよう表彰制度を工夫し、俥夫のやる気につなげていきました。

職業俥夫の道を拓く

俥夫はアルバイトで、と考えてスタートした事業です。しかし蓋《ふた》を開けてみると俥夫を志望する人の仕事にかける熱意の高さに驚きました。「一生の職業として取り組みたい。俥夫の仕事で生活が成り立つようにしてほしい」という声も上がってきました。確かに俥夫という職業があってもなんの不思議もありません。強靭な体と歴史や文化や地理に関する深い知識を併せもち、さらにホスピタリティの精神にあふれた俥夫という存在が、誇るべき職業の一つであることは疑いがありません。

年齢を重ねたときに、体力面でどうかという心配はありました。40代になり50代になったら20代のときと同じように仕事ができないのではないかと思っていたのです。しかし、比較的年齢の高い人間がきちんと体をケアしながら苦もなく俥夫を務めているのを見て、職業俥夫は可能だと思いました。しかも50代になれば積み重ねた経験や豊富な知識で、若い俥夫を指導したり、一緒に走りながら現場で手本を示したりすることができます。毎日朝から夕方まで若い人間と同じだけの距離を走らなくても、存在価値は大きなものがあります。若い俥夫にとって頼りがいのある現場の大先輩であることができるのです。私は十分に60歳まで働けることに気づき、新たに職業俥夫という枠を設けることにしました。

観光人力車事業を全国規模の観光事業として確立したのは私たちだと自負していますが、職業俥夫という存在をつくったのも私たちでした。俥夫という業務を単なるアルバイトや若いからできる一時的な仕事ではなく、人が生涯を通してその技量を高め、自分自身を成長させていく職業の一つとして確立し、それにふさわしい処遇の体系をつくっていったのです。社内で「遠征」と呼ぶ俥夫の長期出張制度も、俥夫の成長のきっかけにしてもらいたいという思いから生まれたものです。各拠点での俥夫の数は限られています。そのため日常的に固定したメンバーとふれあうことになります。

しかしおもてなしは一人ひとりの工夫によるところが多く、俥夫同士で参考にしたり学び合ったりすることが少なくありません。俥夫の成長のためには、できるだけ多くの俥夫と接する機会があったほうがよいと思いました。そこで「遠征」制度をつくり、こちらからの指名や俥夫からの希望で、仕事の拠点を一時的に変えることができるようにしました。繁忙期の応援という事業上の意味もありますが、いろいろな俥夫に出会うことで、自分なりのおもてなしを磨くきっかけや、自分を高めていくうえでの課題の発見の機会にしてもらえればと思ったのです。俥夫としての振る舞いは、全国共通のものですから、誰がどこに行ってもいつものやり方を貫けば問題はありません。ただし、地元の情報についてはしっかりと頭に入れることが必要です。それについては十分な準備をするように指示を徹底しました。

子育てをしながら頑張るママ俥夫も応援

当初は学生アルバイトが主体だった俥夫は、私の会社が拡大していくなかで、大きく俥夫の裾野を広げました。今もアルバイトとして取り組む学生は少なくありませんが、職業俥夫も誕生し、30年間俥夫として働き定年を迎えたベテラン従業員もいました。

一流ホテルのフロントマンやメガバンクの銀行員から俥夫に転職した人もいます。3割以上が運動経験のない人で、女性の俥夫も増えてきました。

現在も約20人の女性が俥夫として働いており、なかには小さな子どもを育てながら頑張るママ俥夫もいます。仕事を始めたときは子どもが3歳でしたが、5年経った今も俥夫として活躍中です。彼女は〝体を動かしながら、直接お客さんと関わる〟という条件でネット検索して俥夫の仕事に出合いました。俥夫になるという話を聞いて夫は驚き「28歳の子持ちの主婦がやる仕事か?」と大反対だったそうですが初志を貫徹します。

会社としても女性が育児をしながらでも働きやすいように環境を整える初めてのケースになりました。本来は人手が欲しい週末ですが家族と過ごせるように土曜、日曜は完全休日とし、平日も保育園の迎えに間に合うように16時には必ず退社という勤務体制をつくりました。制度とは別に俥夫仲間もいつも声を掛け、幼い子どもの育児につきものの急な早退や休みもフォローし、心から励まし支えました。すでに勤続5年、昇級も果たし今では夫も「ボクの妻は俥夫です」とネタにして楽しんでいると聞きました。

また、学生時代にアルバイト先の飲食店が突然閉店になり、急遽《きゅうきょ》アルバイトを探すことになった女性は、家から近いという理由で俥夫のサポートをするアシスタントとして働き始めました。とりあえず1年でもと始めた仕事でしたが、1年が経つ頃には間近に見る俥夫の仕事ぶりに魅力を感じて自分も俥夫に、と一念発起することになります。もともと股関節が弱く、運動とはまったく無縁だったことも忘れて研修を受け、家族や周囲の反対を押し切ってデビューしたのです。

しかしやはり体に負担が大きかったのか4カ月後に足を痛めて走れなくなり、ドクターストップがかかって俥夫の夢は断念せざるを得ませんでした。それでも俥夫の活躍する世界で働き続けたいという気持ちは衰えることなく、私たちもその気持ちをうれしく思って現場を管理する社員として正式に雇用しました。現場をよく知るだけでなく俥夫の経験もある強みを活かし、女性としては初の現場管理社員となり、すでに8年の経験を積んでいます。人力車のお客様は半数以上が女性であり、その意味での気づきや気遣いも管理者としての仕事に活かしています。

また数年前からは自主的に食に関する勉強を始め、栄養学の知識を活かした俥夫の体調管理を進めるなど、俥夫の管理・サポート役として欠かせない存在になりました。

京都の嵐山には私たちの会社直営のカフェもありますが、これも飲食の事業を始めたいと思ってオープンしたものではありません。先の女性と同じように俥夫を経験しその魅力を知りながら、体の事情でどうしても人力車が引けないという従業員と相談するなかで、それなら人力車をテーマにしたカフェを開いてみてはどうかと決めたものです。

人力車を引かなくても人力車に関わる仕事ができる——その道を用意することも観光人力車事業を大きく育てていくために必要なことだと考えています。

明治時代から大正時代にかけては移動手段として人力車が走り、俥夫がいました。そして、半世紀の空白を経て1970年代半ばに人力車は復活しましたが、それは市民の移動手段として再登場したのではありません。観光人力車という今までにない乗り物として新たに誕生したのです。乗り物としての形はもちろん、人が引くということも同じです。

しかし、俥夫の役割はまったく違うものになりました。ただ安全確実に人の移動を助ければよいというものではないのです。それは数多くのサービス業のなかでも最高のおもてなしが求められ、それができる今までにない機会であり仕事です。

観光人力車が過去になかった乗り物であるように、その俥夫も過去にはない仕事でした。私たちはその新しい職業を一からつくっていったのです。

嵐山にオープンさせたカフェ

カフェで喜ばれているミニチュア人力車のドリンクホルダー

第3章

届けるのは、一生
忘れられない思い出——。

お客様との一期一会を通じて俥夫として、
人として成長できる

目の不自由な人にも乗車してもらう

最初の約10人の募集に学生を中心に数十人が応募してきたとき、自分の力で車を引きながらお客様をおもてなししたいという情熱にあふれる人間が、これほど多いとは夢にも思っていませんでした。

しかし彼らは「こういう仕事はほかにありません。探していました」と口々に語っていました。仕事が始まってからも、慣れない力仕事であり、自動車が行き交う公道上でお客様の安全にも最大限の配慮をしなければならないので精神的にも非常にタフさが求められたと思います。しかし弱音を吐くどころか彼らは生き生きと駐車場を出て行きました。

「お客様からはよく『大変なお仕事ですね』『ずっと話して走って、しんどいでしょう』と言われます。しかしまったく違うんです」と、高校を出て19歳のときに俥夫になり、以来19年間人力車を引き続けるある俥夫は語っています。

「暑い日も寒い日も雨の日も雪の日も走り、一日に何件も長い距離を、お客様を乗せて走る。普通に考えれば、さぞしんどいでしょうと思われるのは当然です。しかし、体を動かすことも、人と話をすることも、きれいな景色を見ることも大好きな私にとっては最高に幸せな、天職のような仕事だと思っています。毎日、たくさんの出会いがあり、普通に働いていれば話をする機会もないようなさまざまな人と年齢・性別・国籍を問わず関わることができる。決して安くはない料金をもらっているにもかかわらず、そのお客様に『ありがとう』『この旅一番の思い出になった』とうれしいお言葉やお礼を言ってもらえる。こちらこそ『ありがとうございます』なのに、逆に感謝していただける。こういう幸せな仕事を私はさせていただいているんです」

初期の頃に俥夫となり、その後は会社の管理部門で仕事をしている男性も「俥夫時代は毎日、今日はどんな人に会えるだろうとワクワクしていました。朝仕事に行くのが本当に楽しみだった。すばらしい経験でした」と振り返っています。俥夫たちはやっていけるだろうかと不安もあった私にとって、こうした俥夫の声を聞くのはうれしいことでした。観光人力車事業の反響も非常に大きく、この事業を始めて間違いはなかった、これならやっていけると、私は日を追って確信がもてるようになっていきました。

嵐山で事業を始めてそれほど時間は経っていなかったと思います。全国ネットのある民放テレビ局が、情報番組で観光人力車のことを取り上げました。

それはある目の不自由な女性の京都旅行の思い出です。この女性は嵐山を訪れてぜひ話題の人力車に乗ってみたいと思っていたのです。彼女は駐車場で客を待つ一人の俥夫に声を掛けました。

「乗せていただけますか」

「もちろんです」

そう答えたものの、俥夫には戸惑いがありました。それまでに目の不自由な人を乗せたことはありません。女性は景色を見ることはできないのです。それでもいいのだろうか？　そもそもどのようにご案内したらいいのだろう？　すると女性は俥夫の戸惑いを察したかのように「いつものお客様のように走っていただければそれで大丈夫ですから」と声を掛けてくれました。そこで俥夫は自分が女性の目になって嵐山の美しい景色を一つひとつ言葉にして伝えようと思いました。

「では出発します。まず大通りに出ます。……今天龍寺《てんりゅうじ》というお寺の前です。京都五山の第一位の寺で世界遺産にもなっているんです。このお寺にある回遊式庭園はすばらしくて、観光客もたくさん見えます。歩道は人でいっぱいですね。……源氏物語にも出てくる野宮《ののみや》神社に来ました。縁結びのご利益で知られているので、今日も若いカップルがたくさん来ています。ここから竹林の小径《こみち》に入ります。人力車だけが通れる静かな小径があるんです。青竹が密集してまっすぐに伸びて今日はその上の青空もきれいです。風で竹笹の擦れるサラサラという音が聞こえますか？　木漏れ日が差して、光線の筋が何本も地上まで落ちてきています。このあとは二尊院に行きましょうか……」

こんなに話し続けたことはなかったというほど、俥夫は車を引きながら休むことなく女性に話し続けました。出発点の渡月橋の近くに戻り女性の手を取って降車の案内をすると、女性は車から降りて俥夫に向かい合いました。

「ありがとうございました。楽しかったです。あなたのおかげで嵐山の美しい景色を見ることができました」と話してその場をあとにしました。俥夫は、自分の案内で、景色が見えたと言われた、役に立てて良かったという感慨で胸がいっぱいで、しばらく後ろ姿を見送りながら立ち尽くしていました。

「生きる勇気をもらいました」という手紙

観光人力車事業が本格的に動き始めると、お客様と俥夫とのさまざまな出会いが生まれ、私のもとにもたくさんのエピソードが聞こえてくるようになりました。乗車した人から、アンケートとは別に長文の手紙が会社宛てに届くこともしばしばあり、その一つは今でも忘れられません。

「先日あなたの会社の人力車に乗せていただいた者です。お世話になりました。ありがとうございました」という書き出しで始まる長文の手紙は、「実はあの日、私は死のうと思って嵐山に行きました」と、思いがけない重い告白が続くものでした。

ちょうど1995年の阪神・淡路大震災直後のことで、手紙をくれた男性も被災者の一人でした。突然の大地震で自分以外の家族全員を目の前で亡くしたのです。家も家財も一切合切をなくし、まさにすべてが消失した状態でした。生きる気力もなく、嵐山の奥の保津峡《ほづきょう》で身を投げるつもりだった男性は、その途中、渡月橋のあたりでぼんやり川を眺めていると、道端にたたずんでいたある俥夫から声を掛けられます。

人力車で観光してはいかがですかと丁寧に誘ってくれたので、断るのもめんどうで、ずるずると乗ることになったと書かれていました。俥夫は小さな声で「よいしょ」と口にして人力車を引き始め、自分があまりうれしそうな顔をしないのでやりにくそうだったが、なんとか楽しませようと話題を選びながら一生懸命に案内してくれた。

いったん止まってから走り出すときに決まって「よいしょ」と口にするのが青年の癖のようだったが、力を込めて人力車を引く背中を見て、またお寺などの名所ごとにその歴史やエピソードを語り、記念写真まで撮ってくれる姿を目の前にして心から感動した。こんなに一生懸命生きている若者がいるというのに、自分は何を考えていたんだろうと気づかされた……手紙は乗車中の顚末《てんまつ》をこうつづったあとに「生きる勇気をもらいました。本当にありがとうございました。またつらくなったら、あなたのところの若者に会いに行きます」と締めくくられていました。

「正解」は誰も知らなかった

こういう出会いは確かに珍しいものでしたが、事前の想像をはるかに超えた乗車体験に「楽しかった」「感動した」というお客様からの声はどんどん集まってきました。人が自分の体を使ってお客様を案内し、町を巡りながらおもてなしをするという観光人力車事業がいかに人々の心をとらえるのか、私は思いを新たにすると同時に、日々出会いを重ねながら俥夫たちも学び、成長を続けていくことができているのだとうれしく思いました。

もちろん彼らにも失敗があり、挫折がありました。自分には無理だ、辞めたいと一度でも思わなかった俥夫はいないと思います。しかしお客様からの「ありがとう、楽しかった」という言葉に感動して彼らも頑張ってきました。今までにない観光人力車という仕事をどう担えばよいのか、事業を立ち上げた私以上に彼らには試行錯誤がありました。なにしろ、私の会社の創業当時、組織的で本格的な観光人力車業というものはなかったのです。もちろん団体旅行用のツアーバスはありました。同じ職場や団体の仲間とバスの中で盛り上がり、スケジュールに沿って観光していくことは、楽しい旅を演出できるだけでなく、主催者や幹事にとっては事故の可能性を減らせる安全な方法です。参加者も有名観光地をまんべんなく巡ることで満足感を得られます。

また観光タクシーで巡る旅もあります。こちらはドライバーがガイド役を務めてくれることもありますし、移動もお客様の要望によって変更することが可能です。高齢の方や体が不自由なお客様であれば、歩くことなく移動できるのは大きなメリットだと思います。こういった従来の旅行とは違った体験ができるのが観光人力車です。俥夫が専属でお客様に付き添い、要望に応じて自由に観光地を巡ることも可能です。バスツアーや観光タクシーのメリットとは別の視点でお客様にサービスできることが観光人力車の特色です。

ある意味、観光人力車はガイドの理想といってもよいと思います。現地で日々仕事をし、生活をして、隅々まで知り尽くしている俥夫が観光客ごとに要望を聞き、オリジナルのコースを考えて自分で車を引いて案内するのです。しかも人力車という日常の世界では経験できない乗り物体験もできます。私は当初の反響の大きさに、この事業は今まで存在しなかった新たな観光スタイルを提案するものであり、一時の流行ではなく、定着し必ず大きくなるものだと確信しました。

ただし、ほぼゼロからのスタートです。観光人力車の俥夫という新しい仕事をつくり上げていかなければなりません。「こういう存在であるべきだ」という理念や目標、行動の心得はあっても、具体的にどう振る舞うべきかという細部は何も決まっていません。お客様と俥夫の距離は近く、人対人という要素が非常に大きいだけに、マニュアル化にも限界がありま す。観光人力車事業を成り立たせるためには、俥夫一人ひとりの真剣な試行錯誤の積み重ねがどうしても必要でした。事業のアイデアや仕組みは私がつくったものかもしれません。しかし、この事業を一から育て全国で展開できる新たな観光事業としてつくり上げたのは「最高のおもてなしとは何か、それはどうしたらできるのか」を車を引きながら追求し続けてきた俥夫自身でした。実際、俥夫たちはお客様から返ってくる言葉や微妙な反応から、「本当に満足してもらえているのか」と反省を重ねてきました。アンケートは「良かった」「また乗りたい」と書いてもらえることがほとんどでしたが、なかには「強いていえば、愛想笑いが多いと感じた」「疲れているのに無理しているように見えた」「場所によってはもう少しゆっくり走ってほしいと思うときがあった」「声が大きくて周りの人がすごく注目するので恥ずかしかった」……といった意見や感想もあったのです。

むしろ教えてもらえるのはありがたいことと、俥夫たちは指摘の一つひとつを反省材料に自分の振る舞いを変え、またその経験を仲間や新人に伝えて、手探りで理想の俥夫を目指してきました。「最高のおもてなし」という頂を目指す俥夫の日々の努力があって初めて観光人力車事業は確立し、全国展開につながったと考えています。

1992年の事業開始から30年の節目を迎えたとき、私は俥夫に向かって改めて感想を求めました。私たちの現在の到達点とこれからの方向性を見極めたいと思ったからです。俥夫は喜んで書いてくれました。それぞれがつづった葛藤や挫折、喜びのリアルなストーリーは私が知らなかったものも多く、改めて私の心をとらえました。私とともに観光人力車の俥夫がどうあるべきか、自問自答しながら答えを探してきた俥夫一人ひとりの歩みに、私は心から敬意を表したいと思いました。

以下は、俥夫たちが寄せてくれた手記の一部です。巧みにつづられた短編小説のようなものもありますが、すべてリアルなストーリーであり、俥夫自らが書いたものです。人力車の俥夫とお客様との出会いがどのようなドラマを生み出し、それぞれの人生にどのような彩りを添えたのか、観光人力車事業のもつ力と魅力を、それぞれのエピソードが伝えてくれています。

俥夫の手記 1

お客様の一生に残る思い出をつくる（柳澤《やなぎさわ》 一幸《かずゆき》）

■スポーツ感覚だった自分

もう20年近く前のことです。そのとき私は、それまで人力車が入ってはいけないといわれていた場所を、お客様を乗せて誇らしく走行していました。その出来事は私が俥夫の仕事を愛する原動力となり、俥夫人生で最も印象的で感動したご案内となったのです。ただしそこにたどり着くまでには、いろいろなことがありました。

私が俥夫として働き始めたのは19歳の夏です。そのときに働こうと思った〝鎌倉〟は海が近くにあって町並みがきれいだったので「この景色のなかを人力車で走ったら楽しいだろうなぁ」という安易な思いから電話で応募をしたことを覚えています。

当時の私は体力に自信があり鎌倉の町の知識を多少もっていたので、比較的短い期間で研修を終えることができました。デビューが決まった日は「明日からはお客さんが乗ることになるのか……」と思う程度で、今思うとプロとしての心構えは一切できていませんでした。

デビューしてからは同世代の仲間と切磋琢磨《せっさたくま》してスキルを高め合う就業スタイルが自分のモチベーションを高めてくれました。現場から帰ってきた車庫では「どこからご案内したの?」「どうやってコースを提案したの?」など、いかにお客様をご案内しているのかを聞いて、日々改善を繰り返していました。しかしそれは「スポーツ」や「ゲーム」のプレーヤーとしての感覚で就業していたということだったと思います。

■君はなんのためにこの仕事をしているのか?

そんなある日、4人の団体のお客様を先輩俥夫と2台で90分のコースをご案内しました。後輩である私は2号車として付いていき、先輩俥夫に主要なガイドや道中のお客様とのコミュニケーションを任せていました。そして途中に立ち寄ったお寺でお客様のご要望で一服することになり、私たちは茶室の外で待機しました。

ほっと一息ついていた私に先輩俥夫が歩み寄り「君はなんでこの仕事をしているんだ?」と唐突に聞いてきました。不意の質問に答えられずにいると「君はお客様に100%尽くしていない。このコースは1人1万円以上する料金なんだ。1人1万円以上のサービスってなんだと思う?」と刺すような視線で私を見てきました。先輩俥夫が何を言いたいのか理解できず言葉を出せずにいると「有名アーティストのライブに行っても2時間で1万円ほどだ。一日中ディズニーランドで遊んでも1万円前後で楽しめる。じゃあ君に任せた90分にはそれと同等以上の価値があるのか?」と強い口調で言葉を浴びせられました。私はマニュアルどおりに走行してご案内をすることが仕事だと思っており、先輩俥夫が言われた〝価値〟について考えたことがありません。何も答えることができずに黙ってしまいました。

少し間をおいて「君は辞めたほうがいい。俺らの仕事は【お客様の一生に残る思い出】をつくらなきゃいけないんだ。そのために本気でおもてなしするから料金以上の価値が出る。しかし君の仕事にはその意識が感じられない」と叱責されました。私は「教えられたとおりに仕事をしているのに何がいけないんだ?」と反発したい気持ちがありましたが、会話の途中でお客様が一服から帰って来られたので、言い返すことができずにお客様とともに帰路につきました。

私はこの仕事で初めて厳しく叱責をされ「スポーツ」や「ゲーム」を行うプレーヤー感覚の仕事姿勢を強く否定されました。それから【お客様の一生に残る思い出】とはどんなことが必要なのだろうと考えるようになりました。

その影響もあったと思います。その後の私は高齢のお客様を好んでご案内するようになりました。高齢のお客様は一生懸命に走る姿や、たどたどしくても一生懸命にガイドする姿勢に「冥途の土産になるわ」「孫に孝行してもらえているようだ」などと温かい言葉を掛けてくださり、喜んでいただいているという実感を得られるからです。私はそういう温かい言葉をいただけることが先輩俥夫から言われた【お客様の一生に残る思い出】だと思い、自分がご案内するお客様は年齢層の高い方々へ偏っていきました。

■ぎこちない若い二人との出会い

デビューから数カ月が経った11月下旬のある日のことです。私はご乗車いただいたお客様を降ろして、次の乗り場へ移動していました。そのときに走行中の私を歩道から凝視している若いカップルがいました。お二人が人力車へ興味をもっていらっしゃることに気づきましたが、私は若いカップルに苦手意識があり、そのときも声掛けを躊躇《ちゅうちょ》していました。するとお二人のほうから「人力車はいくらですか？」と聞いてくれたので私は提案を始めました。

お二人は口数が少なくておとなしい印象でした。私の提案を静かに聞いてくれていましたが、「料金が高いと思っているのかな？」「それともコース内容があまり魅力的ではないのかな？」と不安になるくらい反応は弱く、心のなかで半ば諦めながら提案を続けました。しかし最終的には30分コースを選んでいただき、出発することになったので「どうにかして、この雰囲気を打ち壊して楽しんでもらえるようにやるしかない」といつも以上に気合を入れてご案内をしました。

お二人を盛り上げるために隙間なくガイドを行い、紅葉を楽しんでいただけるコースを考え、タイヤが小石すら踏まないように心掛けて走行しました。しかしどんなに一生懸命ガイドをしても反応はいまひとつで、その雰囲気は到着してお見送りをするまで変わることはありませんでした。「やっぱり自分のおもてなしは若い方にはダメだな」と落ち込みました。

そのことで紅葉シーズンは楽しかった記憶よりも自分の不甲斐なさが心に残り、私の俥夫

1年目は単に仲間と楽しく仕事をするだけではなく、プロとしてどうあるべきかを考えさせられた年となりました。

■思いがけない再会

それから1年が経ち2度目の紅葉シーズンに、俥夫人生で初めての指名予約が入りました。指名予約をいただけたということは私に良い印象をもってくれているお客様だと思い、当日、待ち合わせ場所へ向かうと、なんとそこにいらしたのは1年前に自分がご案内をして盛り上がらなかった若いお二人だったのです。

私は予想外の成り行きに驚き、「私は前回のご案内は正直、ご不満だったのではないかと心配だったので、ご指名のお客様がお二人だとは本当にびっくりしました」と率直に伝えました。すると、「実は1年前の私たちは初めてのデートでお互いに緊張していて、不愛想な雰囲気に見えてしまったかもしれません。本当はとっても楽しくて、あの日人力車に乗ったことがきっかけで付き合うことになりました。だからまたあなたの人力車に乗りたくて、今日は来たんです」と言われました。

私はその言葉を聞いて、全身に鳥肌が立ち、武者震いが止まりませんでした。今日は前回以上にお二人にとって良い思い出を残せるようにしよう！　そう思いました。案内中は以前よりも仲の良いお二人が見られてうれしく、会話も弾みました。到着してお別れの際には「また乗りに来ます」と言ってくださり、実際その言葉どおりに何度か乗りに来てくれました。

■神前挙式の入場をあなたの人力車で

月日が経ち4度目のご乗車中にお客様から「実は私たち、結婚することになりました。それで私たちが付き合うきっかけになった鎌倉で式を挙げたいと思っています。神前挙式をするので入場をあなたの人力車にお願いしたいのですが、できますか？」と笑顔で言われました。私はそのときまで婚礼行事をしたことがなく、自信がありませんでしたが、初めてのリピーターであるお客様の婚礼であればぜひお引き受けしたいと思いました。

ところが落ち着いて考えてみると、その神社の神前挙式の際には契約で他社の人力車が使用されることになっていて、私たちの会社がその神社の婚礼行事を請け負うことはできませんでした。さらに挙式場に人力車で入るためには境内にある大きな鳥居をくぐる必要がありま す。しかし鳥居をくぐることは穢《けが》れを祓《はら》う意味があり、昔は馬に乗っていても下馬するのが通例です。そのため人力車でお客様を乗せて鳥居をくぐることはタブーとされていました。私は改めてそのような背景をご説明して「残念ながら承ることができません」と申しわけなく思いながらお答えました。しかしお客様は「会場や神社には私たちが話を通すのでぜひお願いしたいです。そうでなければ鎌倉で式を挙げる意味がありません」と懇願されました。本来はまず会社に問い合わせるべきことでしたが、お客様の気持ちに応えたい思いが先行して「分かりました！　ぜひやらせていただきます。よろしくお願いします」とその場で快諾しました。その後、お二人の力でさまざまな課題もクリアすることができ（鳥居をくぐることも挙式のときは特別に可能ということでした）無事に婚礼行事を承る準備が整いました。

■婚礼の記念写真にも加えていただく

挙式当日、私は初めての寿衣装でお客様をお迎えに上がりました。会場から緊張したお二人が出てこられて、いざ出発です。そのときのお二人はぎこちない雰囲気や空気感をまとっており、まさに初めて人力車に乗っていただいた〝あの日〟を思い出しました。そして徐々に目の前に大きな鳥居が見えてきました。その先にはお客様のご家族が拍手をしながら笑顔で迎え入れてくれようとしています。その場所はいまだかつて進入したことのない神社の境内です。新人の頃から決して入ってはいけないと教えられた場所に私は感無量の気持ちでゆっくりと鳥居をくぐってお二人をお送りしました。このあとはご家族たちと記念撮影になるので、ここで私の婚礼行事は終了です。撮影の邪魔にならないように横へどいていようとするとお二人から「あなたも入ってください。私たちの真ん中にいてほしい」と言われました。さすがにその言葉には周りのご家族たちも驚きの表情を見せていました。

私もいくらなんでもご家族の集合写真の真ん中は厚かましいと思って、お断りをしたのですが「あの日人力車に乗ったから私たちは結婚することができました、ぜひ写ってください。一生の思い出なんです！」と言われて最後の家族写真までご一緒して、私は文字どおり【お客様の一生に残る思い出】となり、私にとっても感動的なご案内になりました。

■お客様の一生に残る思い出をつくる

このご案内から20年近く経って、今私はこのときのことがやっと理解できるようになりました。当時の私は温かい言葉をいただけるご高齢のお客様を好んでご案内をしていて、若年層のお客様は苦手で不得意だと思い込んでいました。そのため初回のお二人のご案内時は自分が今できることをひたすら一生懸命にご提供したと思います。それは決して〝うまい〟おもてなしではなかったはずです。でも一生懸命におもてなしをしようとした気持ちが伝わったからこそ、リピーターとなっていただくことができ、その後の感動的な場面に立ち会うこともできました。

私たちの仕事はそれぞれの観光地に来られるお客様に乗車中の瞬間を楽しんでもらうだけではなく、人力車を楽しんでいただいたあとのお客様の人生が変わるきっかけをつくることができるかもしれません。そしてお客様が心から楽しんで一生の思い出になるようなご案内になったとき、それは私たちにとっても感動をいただける場面となり、俥夫を続ける原動力となるのです。

俥夫の仕事の根幹には「お客様」がいます。私たちが「お客様」のために必死に努力して、感動を提供しようとする姿勢が、やがて巡り巡って自分たちの成長につながります。何事も自分のやりたいことばかりを優先していっても、目の前の壁を越えることはできません。この会社で俥夫を全力で行うことで得られたスキルや経験は目には見えませんし、国家資格が取れるようなものでもありません。しかしこの場所を経験した者たちは必ず次のステージで輝くことができます。現役の俥夫としてキャリアを重ね、周りから尊敬される人間に成長している諸先輩がたくさんいます。

若い頃にこの会社と出合えたことは私の人生におけるかけがえのない財産です。「お前に俥夫はできない。辞めたほうがいい」と叱責され、そのおかげで成長することができ、日常では立ち会えない感動的な瞬間に幾度となく立ち会わせていただきました。私はお客様の一生の思い出に携われる俥夫の仕事を誇りに思います。

人と人の関わりが少なくなっているこの時代だからこそ、これからもお客様にたくさんの感動を提供し、自分に貴重な経験を積ませてくれるかけがえのないこの仕事を後世につないでいきたいと強く思っています。

俥夫の手記 2

伝えること、伝わること（横井ゆい）

■小学校3年で初めて乗った人力車の虜《とりこ》に

「Yちゃん、ババ（祖母）と人力車に乗ってきたら」

ある時、母が私に言いました。

私は小学校に入ったときから鎌倉に住んでいます。ルーツはずっと湘南にあり、慣れ親しんだ町です。私の両親はこのあたりの出身ではないのですが、特に山や海が気に入って長く住んでいます。

母親に突然こう言われたときは、観光でもないのに乗るのは少し気恥ずかしい、そんな気持ちが半分ありました。もう半分の私は、朝夕の通学路を笑顔で挨拶しながら通り過ぎる俥夫を、かっこいいなという憧れの目でいつも眺めていました。

当時、母の体調がすぐれず、母と一緒に遊んだり、外出したりすることはほとんどできませんでした。私が夏休みに入ったとき、母は入院することになりました。私は一人娘で、父も仕事があるために、祖母が東京から来てくれて、その夏の間は祖母が私の世話をしてくれていたのです。病院にお見舞いばかり来ないで遊んでおいでと母に言われていた記憶がありますが、私には到底考えられませんでした。おそらくそんな私を見て夏休みぐらいは楽しいことをさせてあげたいと、母は思ってくれたのだろうと思います。

母の提案どおり、祖母と二人、初めての人力車に乗ることになりました。小学校3年生の夏でした。

担当してくださった俥夫のお兄さんが話してくれる鎌倉の歴史やお寺の話には、授業で習って知っていることがたくさん出てきました。地元の小学生は鎌倉についての授業を豊富に受けます。お寺やお墓に行くだけでなく、若宮大路《わかみやおおじ》の段葛《だんかずら》の長さを測ったり、山を登って切り通しを見に行ったりしていました。

お兄さんの話に「それ知っている！」と私が思わず身を乗りだして言うと「本当に！すごいね、さすがだね」と気持ちのよい心からの笑顔で振り返って褒めてくれたときのことが鮮明な映像として今でもよみがえります。最初は緊張して乗った人力車も、コースの最後のほうには学校で習ったことを俥夫のお兄さんのガイドに倣って私がしゃべるようになっていたくらい、本当にワクワクしていました。自分の住んでいる町は、今でも奥深い歴史とつながることができる空間がこんなにもたくさん残されているんだと、知らないことも多くあったことに驚き感動したこの感覚は、昨日のことのように覚えています。私の思い出のつまった60分でした。

■アルバイトは迷わず人力車の俥夫

その9年後、私は俥夫になりました。

小学校の頃の私は、その表層の体験のみが印象的でしたが、そこから時間が経つにつれ、それを提供している俥夫という仕事そのものに興味をもつようになったのです。そしていつの間にか「高校卒業したらなんのアルバイトするの?」と聞かれたら必ず「人力車の俥夫」と答えるようになっていたぐらい、俥夫への憧れが高まっていました。もちろん「女子でも必ずできる!」と信じていました。熱意の原点は、やはり初めて人力車に乗ったときの「あの」感覚と、俥夫という仕事への幼い頃からの憧れでした。

しかし、会社に入った当初は「叩く門を間違えたか?」と半分本気で言われてしまうほどうまくいきませんでした。おもてなしをする、お客様の命を預かる、「職人」としての責任と仕事の厳しさに一時期圧倒されてしまいました。デビューしてからは、自分の強みはなんなのか、どんなところを伸ばしていけばいいのだろうかと、仕事の責任感と自分らしさの探究の両方で、常に悩んでいました。デビューして1年経った頃にケガをして、一度人力車が引けなくなってしまったときもあり、体力面だけでなく、自分には向いていないのではないかと真剣に考えたときもありました。

■一生懸命にやれば必ず報われる

こういう心配をしていることが正しいということ、そしてそれ以上に俥夫として最も大切にしなければいけない心得があることを教えてくれたのは研修官でした。

「私たちは最高のパフォーマンスでお客様をおもてなしする仕事をしている。どんな状況であっても一生懸命やること。それは必ずお客様に伝わる」――そう言われ基本に立ち戻って周囲を見ることができるようになり、より深く自分を理解することにもつながりました。

私は普段、専門学校で建築・インテリアデザインの勉強をしています。デザインにおいては「伝わる」ことと「伝える」ことのどちらも求められます。お客様との対話を通して自分なりに言葉で「伝える」こと、そして最高のパフォーマンスと笑顔で私たちの心、熱意、地域への愛情が「伝わる」こと。それは私自身デザイナーとしての今後の人生や仕事において、必ず活きてくると感じています。人力車の仕事で学んだ「伝えること、伝わること」、これは学生俥夫の後輩たちにいちばん伝えていきたいことです。

私は間もなく学校を卒業し、同時にアルバイトも卒業します。私はいつか、小学校時代から俥夫時代までお世話になった地元鎌倉に、私の専門分野である空間のデザインで、町がより良くなる恩返しをしていきたいと思います。そしてもう一つ、コロナウイルスの流行でなかなか会うことができなかった祖母に私の俥夫姿を見てほしいと思っています。この2つが鎌倉で俥夫を経験した私が今いちばんかなえたい夢です。

俥夫の手記 3

なぜ人力車なのか（渡部《わたなべ》 駿《しゅん》）

■直接いただける感謝の言葉

人力車の俥夫を始めて9年が経とうとしています。大学生のアルバイトから始まり、ここまで続けることはまったく想像していませんでした。なぜそこまで自分は人力車・俥夫という職業に、そしてこの京都という地に魅了されたのだろうと振り返ってみました。

俥夫という職業については大きく分けて3つの魅力があると思います。直接的な感謝をいただけること、仕事以外でも使える能力の向上、そしてプライベートで経験したことが仕事に活きる、この3つです。

初めに俥夫の醍醐味である直接的にお客様の笑顔が見ることができ、かつ感謝の言葉をもらえることについてです。お客様の直接的な感謝の言葉は、大きな喜びであり、心からこの仕事をやっていて良かったと思う瞬間です。この明確なゴールがあるからこそ、どうしたらもっとお客様が心地よい、楽しい、人力車に乗って、京都に来て良かったと思っていただけるのかを日々探究できるのだと思います。間接的なコミュニケーションでは相手の反応や感触がはっきり見えず、今のように仕事に対し切磋琢磨する気持ちを維持するのは難しい。お客様と直接相対する環境で働くことができていることに感謝しています。

■将来の自分への大きな意味

二番目に、日々そうして学んでいることが仕事はもちろんプライベートや将来の自分にとっても意味があるものになっていることについて考えてみます。正直これが人力車を今も続けている一番の理由です。

人力車の仕事をしているとさまざまな方面のスキルが必要となります。そのスキルや知識を身につけることは強制ではなく、お客様に喜んでいただきたい、感動していただきたいと思い自ら学びにいくのだと思います。そして、そのスキルや知識が今後の自分の血や肉となるようなものであり、今やっていることが何一つとして無駄なものとならない——未来に向けて一直線につながっている流れが個人的には心地よく、魅力なのです。

例えば、日本の歴史や仏教のことを勉強するとガイドで使えることはもちろん、その過程で日本について多くのことを知ることができます。また自分自身がそのことをより深く理解し、そこから学び自分が迷っているときの助けとなってくれたり、軸や信念をつくってくれたりします。

47都道府県の知識を学ぶこともその一つです。人力車の俥夫という職業をしていると、日本全国から自分が働いている観光地へお客様が訪れます。来てくださるお客様の出身地や住んでいる地域を知っている、理解していると打ち解け方が段違いで会話がとても弾むのです。しかも京都という土地は、日本全国とのつながりが濃く、各地域と京都との関係や相違点などをお話しすると、自然にそのお客様だけのオーダーメイドのガイドとなり、お客様との距離がより近くなります。このことは自分が島根県という地方から出てきた身だからこそ、決して有名とはいえない自分の地域を知っている人に対してうれしいと思う経験から勉強を始めたものでした。自分の出身地を知ってくれている人に出会うのは誰しもうれしいものです。それがあまり有名ではない地域ならなおさらのこと。そしてこの日本全国の知識はプライベートでも大きな役割を発揮します。例えばさまざまなコミュニティの場で初対面であっても当たり障りない出身地の話から盛り上がり、急速にその人との距離を縮めていけるようになりました。これは勉強し始めたときに予測していなかった思わぬギフトです。今後日本で生活していくうえで一生モノの知識となりました。

■世界の人と仲良くなれる

またその延長で海外のお客様においても各国の土地柄、宗教、歴史などから日本との比較や違いなどを勉強するようになりました。これは個人的に語学を勉強する以上の必要性を肌で感じています。各国、各都市によってタブーとなっていることや言われてうれしいこと、有名なこと、文化、風習、スポーツ、政治、流行、誇りなどを理解したうえで接したり、ガイドにつなげたりするとすごくうれしそうな目をしてくれます。心からあふれ出る偽りのない目をしてくれるのです。自分の経験から考えても、言葉を話せても話せなくても相手へのリスペクトの思いは伝わると思います。

どれほど相手のことを出会う前から理解しようとするか、その姿勢は、人力車にとどまらず人と人のコミュニケーションにおいていちばん大切なことだと思うのです。自分は縁があって、旅行に関する情報を扱うウェブサイト「GetYourGuide」の発表した「GetYour

Guide Award 2019」においてツアーガイド部門の受賞者の一人に選出していただきましたが、なぜ受賞できたのかと問われたら言葉を話せることではなく、相手を理解しリスペクトをもって案内したこと、何がこの人の心を動かすだろうと考えてそれを言動につなげてきたことを挙げたいと思います。言葉を話せるに越したことはありませんが、それよりも誰が話すか、どういう考え、信念をもって話すかということが、ネットが普及した今、いちばん大切なことであると考えています。人力車の案内中はもちろん、人力車の仕事を超えて、こうした国内外問わず世界中の人と仲良くなれる力を得ることができたことは一生の宝物だと思っています。

ほかにも、今京都を勉強することも将来、非常に大きな価値のあるものだと考えます。流行のものを追い続け学ぶことは大切で、それについて妥協してはいけないと思いますが、変わることのない普遍的なものの宝庫である京都を学ぶことも、日本という国を理解するうえで欠かせません。プライベートでよく海外の方が自分の国のことで熱弁をふるう場に遭遇しますが、そのときそこまで自分は生まれ育った日本のことを語れないなと気づかされます。海外の方は京都についても興味をもっている方が多く、舞妓さんやお茶や禅、風習、政治、アニメなどが注目されています。

こうした知識は、京都に暮らしていても自ら獲得しにいかなければ知ることはできません。それを積極的に学ぶことは日本という国、京都を熟知することにもつながり、非常に大きな価値があります。そして学んだことは日々の仕事でガイドとして使えるのです。改めてですが現在にも未来にも活かせる知識を使えるこの環境はすばらしいと思います。

■プライベートの充実も仕事に活かせる

最後に自分のプライベートの体験、経験が仕事に活かせることを俥夫として働く魅力の一つに挙げたいと思います。人力車の商品は形に残らない体験や思い出です。そこに自分自身も価値があると心から思い、そのような環境で働いているからか、ごく自然に、プライベートの時間や貯蓄は、できる限り今まで自分がしたことのない体験や日本全国、海外に行って現地でしか感じることのできない経験に費やすようにしています。少し背伸びをして料亭やホテルへ行ってみたり、東北で松尾芭蕉が歩いた奥の細道をたどってみたり、海外をすでに45カ国ほど回ったりしてきました。そしてこのすべての経験が人力車の仕事にリンクしているのです。実際に自分がお客様の立場になり体験することで、どうしてもらえるとお客様はうれしいと感じたり感動したりするのかを考えるきっかけとなります。

また、来てくれるお客様の住んでいる地域や国について知識をもっていると、そのことについて話ができたり、京都とその地域の違いを語ったりすることもできます。そしてそれらの学びを通してより京都という街の魅力に気づけたりするのです。

読書でもそうです。コロナ期間は休みの日が続き自宅でさまざまなジャンルの本を読みあさっていました。ニュースやテレビのように受動的に入る情報ではなく能動的に自ら積極的に情報を取り、学ぶ読書の大切さを自粛期間で気づかされました。仕事には一見関わりがなさそうな内容であっても、現場でのお客様とのコミュニケーションやガイドの一部となっています。そうした自分自身の経験はすべて無駄になっていません。むしろ無駄にならず知識をつければつけるほど仕事に活きるサイクルができています。だからこそプライベートの時間もすべてから学ぶという姿勢を忘れることなく日々を過ごせています。日常を大切にすることができているのです。

■もっとみんなが憧れる職業になる

人力車の魅力はまだまだあります。体が絞れたり、日常では会うことのできない方と出会えたり、同じ志をもつ仲間と切磋琢磨できたりする環境など、本当に多くの魅力をもつ職業だと思います。

その点では、誇れる職業であるからこそ、もっと皆が憧れる職業であってもよいと思います。特に自分は京都の大学生や専門学生に強くオススメしたいと思っています。学生が集まる街である京都は京都出身者はもとより、京都出身以外の地方の学生も多く集まる場所です。学生時代、ここでしか経験できないことがありすべてが学びとなり、一生のものになります。

そして人力車の仕事を通して魅力ある人材、輝いている存在になれる環境であることが、口コミで広まれば今以上に多くの人が入ってくるだろうと思います。そういった流れをつくるために今自分にできるのは背中で魅力を感じてもらえるようにすることしかありません。乗っていただいた方、観光で来てくださる方、地元の方、京都に移り住んできた方、同僚などいろいろな人から憧れられる存在となること。自分一人の力は確かに微力でその影響はすぐに出ないかもしれませんが、未来への可能性にかけて種をまいていきたいと思います。多くの人が人力車の仕事に注目し、心からこの仕事が好きだと思うようになっていくきっかけに自分自身がなれれば本望です。お客様から必要とされ自分自身も成長できるこの環境に感謝の気持ちをもち、一期一会のこの瞬間を味わいながら走り続けようと思っています。

俥夫の手記 4

伝統を語り継ぐこと（林《はやし》 諒《りょう》芽《が》）

■俥夫という仕事の3つの魅力

2年前、大学1年生の夏。コロナ禍で大学生活の醍醐味であった「対面授業」「課外活動」「サークル」「アルバイト」を経験することなく夏休みを迎えた自分は、何か大学生らしいことをしたい……じゃあバイトをしてみよう……そんな軽い気持ちで見つけた仕事が人力車でした。この仕事の魅力を私は以下のように感じています。

・「お勧め一ついいですか」の掛け声でお客様の足を止めることに始まり、短い時間で最大限観光客の興味を引き、お乗りいただく。――足止め・説明・ご乗車―その単純作業のなかにある「営業」の奥深さ。

・人力車という乗り物を使って、自分自身を一つの商品として売り出し、どれほどお金を生み出すかという「売上」。

・お客様の笑顔や喜び、感謝を直接受けられることや、時には一生に一度のご旅行にご一緒させていただけるという「やりがい」。

■尊敬できる上司、先輩、仲間に囲まれて

最初のうちは一つひとつをマニュアルどおりにこなしてもうまくはいかず、四苦八苦していました（2年経った今もなおその難しさや奥深さを感じる毎日ですが）。ただ決まった営業やガイドをするのではなく、お客様一人ひとりに合わせた「営業」やおもてなしが少しずつ実現できるようになってから、よりいっそうこの仕事の面白さを感じるようになりました。仕事内容はもちろんのこと、職場環境もすばらしく、頼れる先輩方は常に私の超えるべき目標となり、同期はともに切磋琢磨する仲間として私を成長させてくれる存在です。ま

た、上司である店長、副店長は、ときには思いきり褒め、どんなときもとにかくポジティブに励ましてくださり、間違ったことをしたときには自分を頭ごなしに怒るのではなく、なぜしてはいけないのか、しないためにはどうすればよいのかを冷静に指導してくれました。私をただの一従業員としてではなく、一人の人間として真剣に向き合ってくれる店長・副店長の姿を見て、「熱意に応えよう、二人のために頑張ろう」という、「営業」「売上」「やりがい」とはまた違った仕事へのモチベーションが生まれています。

走れば走るほど、成長を感じれば感じるほど、倖夫という仕事をどんどん好きになっていく日々です。今まで何かに熱中し、真剣に取り組んだ経験がなかったからこそ自分が夢中になれることを見つけられた喜びを感じています。

■仲間に勝ちたいという最初のつまずき

成長をするなかで、「昇格」や「売上自己ベストの更新」「(全国)店舗売上1位」など目に見える目標を達成できるようになり、いっそう人力車を走らせる喜びを感じる毎日でした。しかし、始めて半年から1年が過ぎた頃、仕事に熱中し過ぎるがゆえの弊害が起こり始めたのです。

人力車という俥夫同士が競い合う仕事の特性上、どうしてもほかの俥夫を意識せざるを得なくなります。なんでみんな走っているのに、自分だけ走れないのか、休日なのにまだこれだけしか「売上」を上げられていない……など、自分にとっての動機であった「やりがい」を感じたい、仲間たちと上司を喜ばせたい、という本来の思いから、いつの間にか〝良い「売上」を出すため〟〝他の俥夫に負けないように〟という動機に変わってしまっていました。当然そのような精神状態では「営業」もうまくいくわけもなく、「売上が上がらない」→「自分自身が楽しめない、いら立つ」→「お客様にマイナスの感情が伝わる」→「売上が上がらない」という負のスパイラルが自分のなかで起きてしまっていたのです。営業中だけにとどまらず、結果が悪かった日には落ち込んだ状態から立ち直ることができず、自分の抑えられないマイナスの感情を同僚たちに振りまいていたこともありました。そんな状態から私を引き上げてくれたのは、仲間、お客様、そして上司の存在です。

未熟さゆえに仲間に強く当たってしまうことがあるなか、同僚たちは私を非難せず「お前がいちばん頑張っているのは分かっている」「そんなときもあるさ、また頑張ろう」と温かい言葉を何度も掛けてくれました。

■悔しがってもいい、しかし周りを心配させるな

また、どんなに自分が苦しい状態であっても、人力車にお乗りいただいたお客様の笑顔はそんな負の感情を吹き飛ばし、私を助けてくれました。お客様にふて腐れた不甲斐ない自分の姿をお見せしたくない、という思いが少しずつ自分を律する力となっていったからです。

最後に、自分を完全に変えるきっかけとなったのは、副店長が私にくれた次のような言葉でした。「楽しむこと。これがすべて。プレッシャーも悔しさも楽しむ。そんな経験ができて最高じゃないか。平凡な日々こそつまらなく、充実はない。本気だから悔しい。その気持ちよく分かります！　むしろ悔しさがあったほうがいい。しかし、周りが気を使うほどの状態になってはいけない。悔しかったら一人で悔しがる。もしくは俺の前だけ。この店はチーム一丸が強みです。だからいい結果が出ています。君の仕事っぷりは皆が認めています。皆に応援される人になりなさい。少しずつでも克服していこう。そうすれば最強の男、俥夫になっていくから」

このメッセージを受け取ったとき、どれほど自分が店の環境に甘えていたか、そしてどれほどの支えを受けてきたかを強く感じました。大切な仲間、お客様、上司のために変わらなければならない、そこから「自分と向き合う」ようになっていきました。

誰かと比べ、競って結果を出すのではなく、常に戦うべきは自分自身です。自分に課した目標や過去の自分を超えることができているか、いかに自分を律して心を良い状態に保つことができるか、そしていかにおかれた状況を楽しむか。

今でも時折自分と向き合うということが難しく感じるときもあります。しかしこのマインドをもつようになり、「ただ勝ちたい」「ただ売上を上げたい」という表面上の動機から、お客様がこの町で過ごす時間をより良いものにするという、「おもてなし」に焦点を当てた動機へと変化していきました。

■サービスとおもてなしは違う

私たちはいただくお金の対価として、おもてなしを提供します。私も自分と向き合えるようになってから、その質を高めるべく学びを重ねてきました。以前店長からこんなことを教えてもらったことがあります。

「サービスとおもてなしの違いって何だと思う？　それらにはそもそも段階があって、サービスの次のステップがおもてなしだ。例えば人力車を運転しているとき、段差の前で『揺れます』と言うのがサービス、実際には揺らさないのがおもてなし、でも実はその先があって、それは『驚き』だ。常にお客様の想像を超えるものを提供するのが大切なんだ。そうしたおもてなしや驚きを提供することができれば、お客様の喜び方を『楽しい』から『感動』へ、そして『感謝』につなげることができる」

さらに副店長からは、おもてなしは目に見えないところから始まる、自分の身なり、営業用パンフレットといったお客様の目に触れるものは当然のこと、俥夫同士の良い人間関係や事務所内・人力車の整理整頓、地域清掃など目に見えないところまで徹底するのが一流のおもてなしの基本だ、と教えてもらいました。このおもてなしの極意を、お客様にも提供できるよう、日々精進していきたいと思います。

■常に「おかげさま」を忘れずに

仕事がうまくいっているときほど思い出すのが、副店長からいただいた次の言葉です。

「売上として結果は出せなくても、すばらしいおもてなしやアフターサービスをする俥夫もいる。そうしたさまざまな役割をもつ俥夫がいるからこそ、巡り巡って自分のもとに利益が生まれている。どんなに自分がいい成績を出したとしても、常に『おかげさま』を忘れず、謙虚に生きなきゃいけない」


この言葉から自分自身はこう考えるようになりました。

「常に誰かの利益になるはずだったものを受け取っているに過ぎない」と。時折「この間、別の町では乗らなかったけど、その俥夫さんの対応がすごく良かったから今ここで乗るね！」というお客様がいらっしゃいます。どんなに良い売上を上げようとも、到底自分自身の力だけで成り立っているとは思えません。

「誰かの利益を自分が受け取っている」という社会の大きな輪は人力車に限らずすべての物事に通じることだと思います。だからこそ、どんなときも謙虚に、おかげさまを決して忘れず、生きていかなければならないと思っています。この会社で働いていると、よく「地域」

という言葉を耳にします。最初のうちはその大切さを理解しきれていませんでしたが、「おかげさま」の心をもつようになってから地域に対する意識も変わっていきました。

この町が私たちの会社を受け入れてくださっているからこそ、われわれが現場に立つことができ、この土地を観光商品として提供することができています。特に今私の所属する函館《はこだて》店はほかの会社さんの敷地を無償でお借りして、人力車を置いています。どれほどの支えを地域から受けているか、という「おかげさま」を実感せずにはいられません。

この考えを自分のなかでもつようになってから、今まで取り組んできた地域清掃や、元気な挨拶、地方全体の案内、写真撮影、街の観光大使であるという自覚をもつこと、お客様に来て良かった、また来たいと言ってもらえること、そのすべてを「地域への恩返し」ととらえるようになりました。この「恩返し」も人力車の俥夫という仕事を続ける大きな動機の一つになっています。

■伝統をお客様に伝え、継承していく

今年4月下旬、総本店で25年人力車を引き続ける大先輩の人力車に乗せていただいたとき、人力車の魅力についてこのようなことをおっしゃっていました。

「(人力車の面白いところは)やっぱり、ガイドだと思う。見てきれいとか、静かっていうことは人力車に乗らなくても味わえる。でもプラスの情報があることによって、考え方がちょっと変わるとか、物事のとらえ方が変わることがあるのではないか」

「われわれが見ている景色は、そこに代々受け継がれてきた人々の思いや歴史のうえに成り立っている。それらは普通に人生を生きているのでは気づかないものであり、同時に現代においては忘れられているものだ。われわれの仕事はそうした俗にいう『伝統』を『ガイド』することであり、語り継ぐことだと思う」

教えていただいた内容を自分のなかで一つひとつ解釈したときに、〝一つひとつの歴史やそれに伴う人の動きや出会いが重なり合って、この景色は存在し、街はできて、今お客様と走ることがかなっている〟〝歴史の流れは必然であり、お客様との出会いも必然である〟と思いました。今まで目に見えなかった大きな歴史の流れを感じ、大先輩の言葉どおり物事のとらえ方が自分のなかで変わったのだと感じます。「伝統」をお客様に伝えることで、自分が感じたような、人力車に乗っていただいたからこそ見える視点・景色をご提供すること。そしていただいたご縁に対する感謝を伝えること。それが人力俥夫としての使命の一つであると2年目にして感じることができました。また一つ、心がぐっと人力車に近づいたように思います。

20歳という「成人」の時期に人力車に出合い、これから人生を送るうえでとても大切な学びを得られていることを幸せに思います。自分が心から好きだと思える仕事に出合えた喜びをかみしめて、この町や仲間たちをはじめとする、支えてくださっているすべての方に感謝し、「おかげさま」の心を忘れることなくこの町で走り続けます。

俥夫の手記 5

お客様の人生に触れる仕事（金谷《かなや》 明真《あきまさ》）

■8歳の子どもとの別れの旅

おそらくすべての俥夫が人と接するのが好きでこの人力車業を選んでいるだろうと思います。人力車の特性上、旅行でのレジャーはもちろん「何かの記念」で使っていただくことも多いのでそういった方々をおもてなしすることはとてもうれしいことです。

私も自分の知識や技術でお客様をおもてなしすることに魅力を感じてこの会社の門を叩いたのが2008年の6月。それから早くも15年になります。現在は社員という立場上、俥夫業をする以外にも管理業務や俥夫たちのサポートと裏方に回ることが多々あり直接的にお客様とお話しする機会はだいぶ減りましたが、自分のなかでは社員はまったく別の視点で取り組む仕事なのだなと感じ、俥夫業とはまた違うやりがいを感じながら日々業務に当たっています。

２０１８年の桜シーズン、嵐山の市場がインバウンド一色に近い雰囲気で毎日非常に混雑するようになっていました。ありがたくも日々さまざまなご予約をいただき現場管理を任されている社員は必ずご予約されているお客様に不備がないように配車しなければなりません。

ある日私は嵯峨野エリアの当番でしたが、朝のミーティングで予約チェックをしていると気をつけなければならない案件がありました。利用されるのは母娘のお二人で娘さんは小学校2年生、ここまではよくあるお客様層ですが備考欄を見てみると「自分は余命3カ月と宣告をされており8歳になる一人娘は身寄りがなく、里子に出す予定です。娘とはこれが最後の旅行になります」とありました。

管理業務のうえではご予約のお客様に合った俥夫を配車しますが、これはどうしたものか。当然新人よりも気遣いができ、かつ明るい俥夫のほうがいいはずです。ミーティングで大体この俥夫がいいだろうと候補を絞り、この予約の時間には特に不備がないよう注意を払いました。

■子どもの明るさにかえって胸を打たれた

担当してもらう俥夫にもしっかり背景を伝えてご案内してもらい、自分はご案内の様子を見るため時間をつくって先回りして竹林の中で待ちました。担当俥夫はひときわ明るく案内にも定評があるので信頼はしていますが念には念のためです。

間もなくその人力車がお客様を乗せてやってきました。お客様の表情はどうだろう？ 自分にも幼い子どもがいます。余命宣告をされて8歳の一人娘を里子に出す心情は察するに余りあります。ご案内は盛り上がっていて喜んでくださっているところを見ることができ一安心でした。しかし、やはりお母様のほうは病を患っているからでしょう。顔色はあまり良くありませんでした。驚いたのはお嬢様のほうです。俥夫が気を使って盛り上げている雰囲気を予想していたのですが、お嬢様のほうから前のめりになってはしゃぎながら俥夫に話しかけています。勝手な予測をしていた私が悪い。背景からして決して明るい旅行ではないので心配していましたが杞憂《きゆう》でした。もちろんお客様は嵐山を楽しみに来ているのだから当たり前の反応なのでしょうが、お嬢様のこの明るさはどこから来るものなのか。お母様から里子に出されるのを聞かされていないわけはありません。だとしたらすべてを受け入れて乗り越えているからこその表情なのか、あるいは子どもだからすべて忘れて楽しんでいるのか。いや、そうではない。母親や周囲に心配をさせてはいけないと幼いなりに考えて一生懸命に演じているのではないか――そう思った瞬間、胸の奥から込み上げるものがあり涙があふれました。もちろん現場なので観光客も大勢いるなかです。季節柄、花粉症ですよと言わんばかりの演技をして取り繕いました。

終業後、担当俥夫にこのご案内でお客様の様子はどうだったか聞いたところ、大満足をしていただけたようで一安心でした。やはり担当俥夫もお嬢様の明るさには案内中も驚いたらしく、あの年齢でどんな心情だったのかと振り返っていました。

「しかしこれがこの仕事の醍醐味なのかもしれない。いろいろな事情や観光に来られる方の思いがあって、われわれが出会い、おもてなしをするというのは、そのお客様の生きざまに触れることができる機会なのだから」という話をしました。普通に勤めをする限り、こうした人それぞれの人生の機微に触れるような経験をすることはありません。自分自身、管理業務を主とする社員になった当初、俥夫ではなくなった時点でお客様との距離を感じていたところがありましたが、間違いだったと勉強になりました。管理業務もおもてなしだと再認識させられたのです。
仕事をするということにはもちろん業績に対する取り組みや仲間内のコミュニケーション、気遣いなど、日々学ぶべきところがたくさんあると思いますが、お客様の人生に触れる機会こそがこの会社ならではなのだと日々感じています。それに携わることが魅力であり、これから俥夫をする人たちにも伝えたい魅力の一つです。会社の仕事を通じて、人間的に豊かになる、考えさせられる機会を多く得ていると感謝しています。

俥夫の手記 6

初志貫徹（齋藤 栞）

■初めての人力車で虜に

振り返れば、京都旅行で東山を満喫していたときに、ある俥夫の方に声を掛けてもらったことがきっかけでした。説明を聞きながら、最初の一歩、踏み台に足を乗せる瞬間まで、初めての体験に胸が高鳴り、走り出すとさっきまで歩いていた町並みが非日常の景色に変わりました。開放感のある乗り心地、一段上がって見える景色は、まるで「私だけの京都」という特別感さえ感じました。帰宅後、すてきな体験の余韻に浸りながら、次はどの季節に人力車で巡ろうかを考えていたほど、人力車に惚《ほ》れ抜くまであっという間でした。

それぞれの四季で感じられる「私だけの京都」を見つけたい――その思いから、一人で乗ったり、友達を誘ったりして、何度か人力車に乗車するなかで、さらに人力車に対して夢中にさせてくれたのが、また別のある俥夫さんでした。知識だけでなく、写真撮影の技術まで、どんどんパワーアップしていく彼の向上心や熱量に、乗車するたびに圧倒されました。

この仕事は、ただお客様を乗せるだけの運転手ではありません。第一に乗車してもらったお客様に楽しんでいただけるようなおもてなし。そして、地域の方々への挨拶や通行人の方々に配慮した安全運転や、たくさんのお客様をご案内しながら笑顔で駆け抜ける精神力と思いやり。その姿はまさしく、日本武道の伝統的な教え「心磨技練体斉」に通ずるものを彷《ほう》彿《ふつ》とさせます。これが「おもてなし大国」と呼ばれる日本が誇るプロフェッショナル集団だと、心が震えた瞬間でした。

■憧れの俥夫にはなったけれど

四季シールをコンプリートし、おなじみになった俥夫さんから京Tシャツを受け取った瞬間、大好きになったこの地で、私が人力車を通して感じた感動を伝えていきたい、私も俥夫になろうと決意しました。女性でもできるはずです。実際、女性俥夫もたくさんいると聞きました。それから3年の時を経て、私は京都東山で俥夫としてデビューしたのです。デビューするまでにいくつもの壁が立ちはだかりましたが、その過程さえも、この仕事に対する経験価値であると感じていました。この頃の自分は、まだ外から見ていた人力車の世界観のままで、夢見心地であっただろうと今は思います。俥夫の世界は甘くない、ただ夢見るだけではできないと感じたのは、この1カ月後のことでした。

最初の挫折は、「ご案内までつなげることができない」といった初歩的な課題ですが、私にとっては難題でした。視線すら合わせてもらえなかったり、挨拶をしても聞こえなかったふりをされたり、自分が好きなものを何度も断られるのは、今までに感じたことがないつらさと歯がゆさであり、デビュー当初の胸の高鳴りは気がつけばすっかり消え、不安な気持ちが勝っていました。

八坂神社前でなかなか案内につなげられていなかった私に「まずはお客様の足を止めることから意識してみよう」とアドバイスをくれたのが、ある先輩の俥夫さんでした。現場に立つようになってから、お客様の視点で考えるということが欠けていたのかもしれないとはっとさせられ、改めてお客様起点で物事を考えました。一俥夫としての私の姿はお客様からどのように映っているだろうか。どんな一言がお客様にとって響くだろうか。どのタイミングで声を掛けるべきだろうか……。視点を変えて行動していくうちに、断られることに対する不安感が少しずつ消え去っていきました。

でも、一つの課題が解消されても次々と新しい課題が出てきます。今よりさらに質の高いおもてなしをしていきたいという思いです。それがこの仕事の特徴の一つなのかもしれません。「これでできた」と思えることはないのです。

■心優しい多くの先輩、同僚のなかで

坂の多い東山では、何度も「女性に引っ張ってもらうのは気が引けるから」と断られることがあり、自分が男性だったら……と考えてしまうときもありました。個性を見失いかけ、

一俥夫としての自分の良さがどうしても見つけられません。〝女性俥夫〟という肩書は私にとって大きな障壁だと感じていたときに、私の俥夫としての存在や行動を肯定してくれたのが、東山に遠征に来ていた別の先輩俥夫さんでした。現場に出れば、俥夫は対お客様の仕事で、仲間から気遣われることなどないと感じていたのですが、同じ職場で働く仲間、先輩方にほんのわずかでも存在を認めてもらえることは、涙があふれるほどうれしいことでした。

普段から何か悩んでいないか、気に掛けてくださるSさん。休みの日でも仕事について一緒に語り合ってくれるUさん。挙げればきりがないほど手を差しのべてくれる先輩方や高め合うことができる仲間がいます。だからこそ、実際にいろんな先輩方の人力車に乗車することで、その背中から自分にはない魅力や足りないものを学んでいきたい。尊敬できる仲間の姿から、個性を大事にしていきたいと、強く感じることができました。

■誰が見ても憧れの仕事であり続けたい

デビューしてから1年と2カ月を経て、今の私がお客様に伝えられる魅力や私自身の強みは、「人力車が大好き」という純粋な気持ちです。

お客さんから俥夫になった私だからこそ、ガイドや安全運転はもちろんのこと、どうしたらより大きな感動が提供できる目配りができるか、案内のスピード感や声の大きさの使い分けなど、お客様の視点に立つという意識を大切に、おもてなしを追求していきたいと思っています。この仕事を通じて、「初心を忘れない」という当たり前のことの大切さを、一周回って再確認できたように思います。

最近、うれしかった出来事がありました。それは、妹が人力車に乗りに来てくれたとき、「楽しいのと、自慢の姉だからみんなに勧めてます」という一言がアンケートに添えられていたことです。実家のある岐阜で一緒にいた頃は、けんかが絶えませんでした。口下手な妹から25年間で初めてもらった褒め言葉です。俥夫になるという夢を追いかけてきた4年間の歩みが生んだ奇跡かもしれません。

この仕事が伝えられる感動は無限大です。真に人と向き合える仕事であり、心と心を通わせることができる仕事であると、ひしひしと感じています。お客さんであった頃の感動を胸に、夢を追いかけ続け、念願の場所に立てた去年の夏。私の人生を紡いでくれたのは、紛れもなく、俥夫の先輩方であり、仲間たちです。

成長し続ける仲間たち、おもてなしに対する変わらない信念と情熱。それが長い年月を重ねても人々を惹きつけ、毎年、憧れを抱き何人もが俥夫になりたいと門を叩きます。30年という時を駆け巡ってきた人力車の俥夫というおもてなしの仕事が、何十年先の未来にも受け継がれるように、誰から見ても憧れられる仕事であり、私もその担い手の一人でありたいと切に願っています。

第4章

“アナログ”な人力車を引く
俥夫だからこそ、
何十年、何百年先の世代にも
伝統文化を継承できる

人力車は心を通わせる媒体になる

戦後の時代を生きる私たちは、明治時代から大正時代にかけて一般的な乗り物になった人力車に乗った経験は少ないと思います。古い写真や絵図、小説などを手がかりにその姿を知るだけで、乗り心地や景色、気分など分からないことばかりです。

西洋の移動交通の世界では、人力車が移動手段として一般的なものとなった歴史はありません。古代ローマ時代から馬車の伝統を受け継いでいる社会です。ところが日本は違いました。もともと日本に野生の馬は希少で、馬といえば大陸から持ち込まれた貴重な存在でした。そのため限られた人間の騎乗用に使われ、馬や馬車が大衆的な移動手段として発達することはありませんでした。そのなかで明治期に登場した人力車は、まさに「安い、速い、安全」な移動手段として歓迎されることになったのです。

「俥夫馬丁《ばてい》」のような差別的な言葉が一時期文壇を中心に使われたことがありましたが、他方では樋口一葉のように優しいまなざしで俥夫を見ていた作家もいます。1872（明治5）年に生まれ、1896（明治29）年に24歳の若さで没した一葉は、まさに人力車が一気に普及し、庶民の日常の足として利用される人力車時代を生きた作家でした。生涯に残した全22編の小説の多くで人力車や俥夫を登場させています。一葉の代表作の一つである『十三夜』という短い小説は、互いに恋心を抱きながら別れた男女が、偶然俥夫とお客として再会し、夜道をものも言わず連れ立って歩いて再び闇のなかに別れてゆくというしみじみとした物語でした。俥夫が苦悩する一人の青年として堂々と描かれています。

谷崎潤一郎の小説『吉野葛』のなかにも、明治の終わり頃という設定で俥夫が登場します。俥夫は吉野に昔花見に来たお客に向かって「あれ、あれをご覧なさい、あすこに見えるのが妹背山《いもせやま》です。左のほうのが妹山、右のほうのが背山、――」と、橋の途中で人力車を止め、欄干から川上のほうを指さして案内します。こうした日本の人力車の俥夫とお客様の関係の近さや親しみやすさこそ、半世紀という限られた時間ではあれ、日本で人力車が多くの人に愛された理由であり、戦後、1970年代の半ばから、かつての人力車をまったく知らない人たちが人力車の魅力にとりつかれていった理由だったと思います。日本にはもともと人力車を受け入れ、人力車を愛する文化があったのです。

人力車の最大の魅力は俥夫とお客様との近さです。人力車独特の引き手と乗り手の不思議な距離感、言い換えれば一体感です。観光地で復活した人力車に乗った人が共通して驚くのがこの新鮮な感覚です。もちろん、物理的な距離からいえばタクシーのほうが近いのです。

しかし人力車は、俥夫が自分の力だけで動かすものであり、それが引き手と乗り手の間の距離を一気に縮めます。こんなに短時間で互いの心が通うのは、人力車の魅力の一つであり、人力車という乗り物こそが親密なコミュニケーションを取るための手段なのです。日本人にとって人力車とは、馬車や自動車があれば不要になる過渡的な存在ではなく、時代や機能を超えて常にあってよいものであり、楽しい乗り物なのです。特に観光人力車は、移動の便宜のために選ばれるものではありません。それならもっと安価ですばやく移動する手段があります。バスも、タクシーも、レンタサイクルもあります。しかしそれらの人と人を結ぶ力はそう強くありません。人力車は人を密接につなぐことができる珍しい――おそらく唯一の乗り物です。そして俥夫たちは、おもてなしの心でその魅力を最大限引き出しています。

汗に濡れた千円札が教えてくれたもの

事業を始めて間もなくのことでした。一日の仕事を終えた俥夫から「今日の売上です」と現金を受け取りました。千円札が大半です。それがベタベタしていてお札同士がくっついて離れません。「何だこれ、どうしたんだ？」と聞くと「申し訳ありません。なくさないように胸当ての内側にしまっているのですが、汗で濡れてしまうんです」と言うのです。そのとき私は、俥夫が必死で稼いできた千円札がどんなに貴いか、改めて知りました。

私が観光人力車事業に踏み出す前に行っていた中古車の販売事業やレンタカー事業で1万円の利益を出すことはそれほど難しいことではありません。しかし人力車は違います。一人の人間が必死に車を引き、おもてなしの限りを尽くしてようやく得られる数千円です。本当にありがたいと思いました。しかも俥夫たちは仕事が楽しい、もっとお客様を喜ばせたいと日々工夫しているのです。私はそんな俥夫たちを誇らしく思いました。彼らのかく汗は人を案内して喜んでもらうためのものです――私はそこにホスピタリティやおもてなしの真髄があると改めて感じるのです。

ホスピタリティもおもてなしも、決して自己犠牲で成り立つものではありません。もしそれを負担に感じるのなら、それは定型のサービスを習慣のように差し出しているだけだからです。おもてなしというのは相手の喜びを自分の喜びとすることであり、おもてなしをするほうもおもてなしをされるほうも、同じようにその場で心地よい時間を過ごすということだと思います。おもてなしの真髄は、相手のために気持ちのよい汗がかける、苦労を苦労と思わずに、喜んで尽くすことができるということだと思うのです。

そうであればこそ、相手も負担に思うことなく純粋にうれしいという気持ちでおもてなしが受けられます。ただの一方通行の自己犠牲に過ぎないのなら、提供側は汗はなるべくかきたくないし、できるだけ少ない労力でとどめようとしますし、受けるほうも別にそこまでは必要ないと思うはずです。しかし本当のおもてなしはどちらにとっても心地よいものであるはずです。俥夫たちが気持ちのよい汗をかきながら仕事をしているのは、おもてなしがどういうものなのか、その真髄に触れているからだと思います。お客様の感動の中に自分の感動があり、それが一つになったときに、双方にとってかけがえのない体験が生まれる。人力車はおもてなしのツールとして理想的ともいえる存在なのかもしれない――私は汗に濡れた千円札を手にして改めて感じました。

アナログこそ永遠の価値

人と人をダイレクトにつなぐ人力車――それは今こそ見直されるべきアナログの価値だといえるのではないかと思います。今ではあらゆる商品の価値は「コストパフォーマンス」で測られ、しばらく前からそれに「タイムパフォーマンス」が加わりました。価格の割に価値が高い（コスパが良い）、かけた時間の割に価値が高い（タイパが良い）――つまり現代人は、費用と時間の観点から見た相対的な価値ばかり注目しています。すべてを自分が払うお金、自分が使う時間との関係だけで判断しているのです。

しかし、もしそれが自分が生きていくうえでかけがえのない価値をもつものなら――それは旅でもアートでもなんでもよいのですが――たとえ価格が高くても、時間がかかっても手に入れたいと思うものです。コスパとタイパがあたかも唯一の基準のようにいわれ、それが見劣りする消費行動を愚かしいもののように評するのは、逆にいえばそれ以外の価値基準を失っているということの表れです。コスパもタイパも関係ない、自分にはそれがどうしても必要だという価値が存在することを、多くの人は見失っていると思います。商品の検討や購入の行動も、もっぱら手間と時間のかからないことが重要視され、コンビニやスーパーをはじめ小売店のレジはどんどん無人化され、買い物もネット通販の割合が急増しています。経済産業省の調べでも、2013年に約6兆円だった物販系分野のBtoCのEC市場は2022年には約14兆円と9年で約2・3倍にまで拡大しました（経済産業省「2022年度電子商取引に関する市場調査報告書」）。この流れはさらに拡大するとみられています。

しかも、デジタル化の進展とコンピュータの計算能力の飛躍的な向上によって、コンピュータグラフィックスなどで本物そっくりの世界をつくり、それを現実のように体験するバーチャルリアリティー（Virtual Reality）技術が急速に進化してきました。その仮想空間に専用のゴーグルなどを着けて入り込めば、あたかもリアルな空間であるかのように体験することができるのです。高速通信規格の5Gの本格的な普及が進めば、さらにこの流れに拍車がかかります。自分の部屋にいながら世界中、いつでもどこでも好きなところを訪ねることができる空想旅行の世界が、もう目の前まで来ています。「ちょっと疲れたから息抜きを」

物販系分野のBtoC-EC市場規模及びEC化率の経年推移

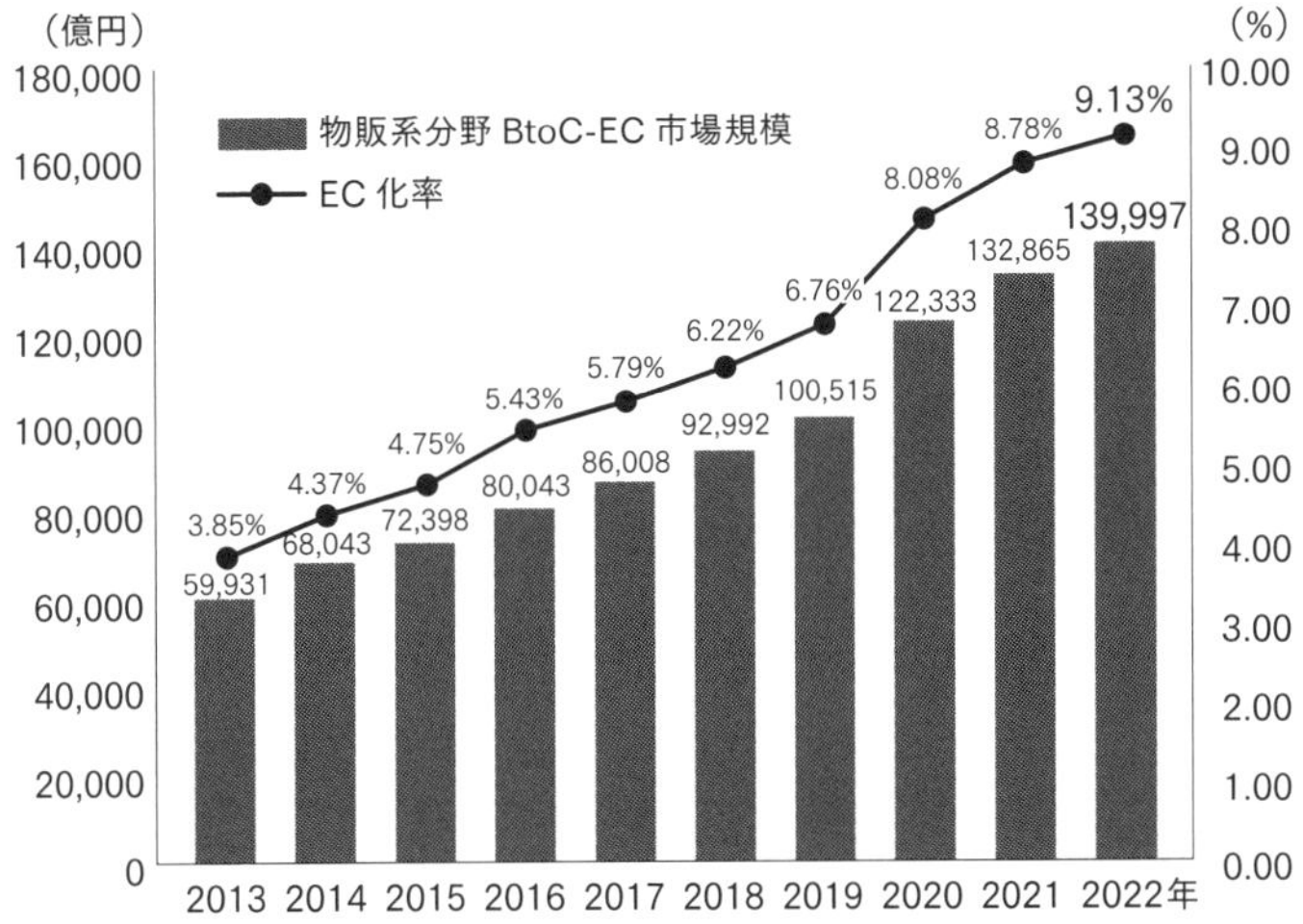

経済産業省「2022年度電子商取引に関する市場調査報告書」より作成

と、自分の部屋のソファに横になり、出かけたい場所をコンピュータにリクエストして、ゴーグルとヘッドフォンを着ければ、たちまちスイスの高原やフランスのコートダジュールの海岸に身をおくことができます。まさにコスパとタイパを極めた旅行の極限の世界です。

　しかしこうした仮想旅行で本当に人が癒やされるとは思えません。旅行や心の癒やしまでも仮想の世界に求めてよいのかどうかは大いに疑問です。実際、デジタル化の波に対抗するようにリアルな体験やデジタル的に処理されていないものの豊かさや価値に改めて注目する人が増え、例えば音楽の世界では真空管アンプやレコード盤によるアナログの音を楽しむことが静かなブームになっています。つい先頃のコロナ禍での生活も、私たちにデジタル社会の便利さとともに、その限界を教えてくれるものでした。

コロナ禍が示したリアルの力

コロナ禍を経て対面しないＷｅｂミーティングが一気に広がり定着しました。その手軽さに多くの人が価値を感じる一方で、実際に対面することがもつ情報の多さ、対面だけが可能にする深い相互理解があることに改めて気づいたという人は少なくありません。それは「やはり同じ場所にいるほうがすぐ話ができてよい」という効率性の話ではなく、人は対面することによっていかに多くの情報を得ているのかという発見です。

発せられる言葉や表情だけならビデオ映像で伝達が可能です。しかし人が人からダイレクトに得る情報は、もっと深く多様です。人の声は単なるデジタル信号に置き換えられるような情報ではありません。大きさや強さ、艶や響きがあります。さらに発声は微妙な表情の変化、視線の送り方などと一体になって総合的な情報として伝達されるものです。パソコン画面越しのデジタル信号で伝送され再現された表情や音声では、それらの情報の何十分の一しか伝わりません。そもそもパソコン越しでは、目と目を合わせて話すことが原理的に不可能なのです。自分を映し出すカメラを見れば、相手の顔は見えません。画面の中の相手の顔を見れば、自分の視線はカメラから外れます。

人と人のコミュニケーションは、リアルに対面するときに初めて本当の意味で成立します。空間体験についても、いかにバーチャル空間でリアリティー豊かに再現されても、実際にその場に立ったときに得られる情報量に比べたら、それは何百分の一、何千分の一でしかありません。人が五感を通して得る情報量はそれほど膨大であり、私たちはその豊かな世界を全身で享受しながら日々を生きています。そう考えたとき、自分の力で動かし、会話し、五感をフルに活かしながら観光地でゲストをもてなす人力車は、デジタル時代に人と自然、人と人が本当に出会える場所を提供するものだということができます。VRがもてはやされる時代における最強の旅のツールなのです。

ある俥夫はこう語っています。

「私のおもてなしが、もしかしたら旅行の一番の思い出になるかもしれません。乗車されたゲストの記憶のなかに、感動という色彩を加えることができるのは、俥夫としての体力・精神・技量、つまりアナログの力です。何もかも手軽で便利になった世の中で、便利になり過ぎないこと、あえて手間のかかるアナログであり続けることが、先行きの見えない未来を拓くためにも必要なのだと思っています」

効率化と省力化・省人化へと突き進む世の中に真っ向から対立するアナログと非効率の極地のような人力車は、だからこそ今の世の中で確固たる存在価値を示していると思います。

地元の人が観光客を迎える価値

観光人力車事業が大きく育った背景にあるのは、アナログの力に加えて、その俥夫が地元を知り尽くした観光大使となって観光客を迎えるという点に魅力を感じてもらうことができたからだと思います。その点では、新たに登場し瞬く間に世界に普及したAirbnb（エアビーアンドビー）のサービスは、私に観光人力車事業の価値を再認識させてくれるものでした。

Airbnbは、世界各国の人が自宅などを宿泊施設として安価に提供するインターネット上のプラットフォームサービスです。２００８年にアメリカのサンフランシスコでスタートし一気に世界的に普及しました。日本の民泊ビジネスにはさまざまな法規制があることから、ヨーロッパほどには普及していませんが、欧米を中心に新しい旅行のスタイルとして定着し、事業内容を知る人は多いと思います。実はAirbnbのビジネスを支え、世界に広がる原動力となったコンセプトは私たちが進めていた観光人力車に共通するものだったのです。

Airbnbのサービスのどこがそれほど人を惹きつけるものだったのか――それは事業のきっかけになったエピソードに示されています。

創業者自らが語っているものですが、事業のアイデアが生まれたのは、サンフランシスコで開かれたある学会のためにホテルが軒並み満室となり、宿泊先を探していた国内外からの参加希望者が困り果てていたという状況下でのことでした。宿泊先の件で困っている人が多いと知った創業者は、自宅アパートのロフトに簡易ベッドをセットし、格安で貸し出すことを思いつくのです。実際それに助けられて宿泊先を確保した人がありました。

この話には続きがあり、これが重要なポイントなのですが、単に宿泊先を提供できただけでなく、ロフトを貸し出した創業者＝ホストにとっても、そこに泊まったゲストにとっても、ともに過ごした時間がとても魅力的だったという体験が生まれていたのです。ホストは宿泊業を専門とする業者ではありません。だからこそ、友人としてゲストを迎え、聞かれるままに地元のおいしい食事ができるお店や散歩が楽しい街区、のんびりできる公園、眺めのいいスポットなどを教え、ちょうど時間があるから案内がてら一緒に行こうと誘ったのです。ゲストは宿泊場所が確保できただけでなく想像もしなかった地元の人の歓待に感激しました。

ホテルではなく地元の人間のところに泊まることによって、ゲストは地元の人だけが知る魅力的な場所や見所、おいしい食べ物やそれが食べられる場所などの情報を得ることができただけでなく、一緒に街歩きも楽しめたのです。ホテルに泊まるときのように、異邦人として孤独な立場におかれ、公式情報に頼って名所を見て回って帰るだけという味気ない旅には終わりませんでした。

もちろんホストにとっても、未知の土地から訪ねてくる人と出会うことができ、もてなしをして楽しむだけでなく、知らない土地の情報や文化に触れて楽しむ時間になりました。従来のホテルという商業施設を媒介にする限り生まれなかった地元のホストとゲストとの出会いが生まれ、お互いに価値のある体験ができた――創業者はこの体験を経て、一般人が行う宿泊提供サービスには従来の旅では生まれない価値があり、この出会いを可能にする、安全で信頼性が高く決済も容易なプラットフォームをつくれば、必ず世界に受け入れられるだろうと確信を得たのです。それがAirbnbのサービスにつながりました。原点にあったのは、ゲストと過ごした時間の豊かさであり楽しさだったのです。Airbnbは安いホテルの提供でも、自宅の部屋を使った手軽な副収入ビジネスでもありません。その核心は新しい旅行体験の創造という点にありました。

私はAirbnbのサービス誕生の物語を聞いたとき、私の観光人力車事業も同じだと思いました。Airbnbが宿泊を媒体にしてホストとゲストの出会いと新たな旅行体験価値の提供・交換を楽しむものだとすれば、観光人力車は人力車という媒体を通じて、同じようにホスト（俥夫）とゲスト（お客様）の出会いと新たな旅行体験価値の提供・交換を楽しむものといえるからです。地元を熟知した人間が観光客を迎える――その提供価値の新しさと魅力こそ観光人力車事業を成功させたポイントでした。

一過性の流行はすぐに廃れる

俥夫の存在が2000年代に入って注目されるようになるなか「イケメン俥夫が引く」とか「かわいい女の子が引く」といったことを強調して話題にするような風潮が現れ始めました。そうしてマスコミが取り上げたことで確かに観光人力車の知名度は上がりました。しかしその反面、私たちが意図しない方向で脚光を浴びることで、すぐに忘れ去られてしまう危険をはらんでいます。もちろん、マスコミやSNSを活用して積極的に情報を発信していくことはとても重要です。しかし、重要なのはこれを一過性の流行で終わらせないことだと考えています。

人力車、そして俥夫は明治の時代に生まれ、今日に至るまで長い歴史を紡いできたものです。そして、私が京都の嵐山の3台をスタートに一歩一歩俥夫とともに試行錯誤しながら築いてきた観光人力車事業は、こうした一時の話題性で注目を集めるような流行商品ではありません。あらゆる商品やサービスがそうであるように、ブームになったらあとは廃れるだけです。回転の速いマスメディアやSNSで面白おかしく取り上げられ情報として消費され、賞味期限が切れれば見向きもされなくなる、そういう存在になってしまいます。少なくとも私たちが30年をかけてつくり上げてきた観光人力車は、そのような情報社会の表層に漂い消費されていくようなものではないつもりです。もしそうなら、一生の職業にと選択する人は現れません。

人力車は、昔は単なる移動手段でした。それにさまざまな付加価値を付け、特におもてなしの心にあふれた俥夫を育てることによって、今では風情のある観光地には欠かせない存在になりました。それは私たちの会社がつくってきたのではなく、人力車の魅力に惹かれて俥夫を志願した若者たちとお客様でつくり上げてきたものです。

人力車を必要とする人と、全身全霊で真心を込めたおもてなしをしたいと願う俥夫のために、私は一過性の流行として消費されない観光人力車事業をさらに発展させていかなければならないと考えています。

京都のおもてなしサービスを全国に広げる

私が事業のスタートを嵐山と決めた理由は、たまたま嵐山が私の大好きな場所だったということでしたが、それは自分で事業の成功に向けて高いハードルを課すことになりました。国内はもとより、世界でも人気都市の上位に常にランキングされる京都です。特に人力車にまつわるエピソードがあるわけでもなく、新しい観光の目玉が必要な町でもありません。嵐山には黙っていても世界中から観光客が訪れます。そのなかで一から観光人力車事業を立ち上げるのは容易ではありません。「嵐山でなぜ新しい観光資源を売り出さなければいけないのか。嵐山なら歩いて回れる。そもそも嵐山と人力車に特別な関係や由来があるのか」――嵐山の人も、それ以外の京都の人も、最初はそう感じたはずです。だからこそ安易な取り組みはできなかったし、許されなかったと思います。

しかし私は嵐山には人力車がよく似合うと思いました。明治・大正時代の象徴でもある人力車は、確かに平安時代から室町時代の文化や伝統を今に受け継ぐ京都とは少し時代がずれる印象があるかもしれません。

にもかかわらず、嵐山の散策には、人が引く人力車が似合うのです。ゆっくりでしみじみとした風情のある人力車は、京都にこそ似合うと思いました。そして京都で人力車がおもてなしの一つになることができれば、全国どこでもその取り組みは成功するはずなのです。

京都だからこそハードルが高かったのは事実です。安易な目新しさや話題性、移動手段としての物珍しさを訴えても京都は振り向きもしません。そもそも京都という土地とそこに住む人々は、深い伝統の世界を受け継ぎ、おもてなしの世界でも独自の哲学とスタイルを築いています。そのことに思いが及ばないよそ者や軽々しい新しさには見向きもしません。

人力車観光の本当の価値を伝え、観光に訪れる人だけでなくこの町の人々に人力車観光があって良かった、と言ってもらう、そのためにはこの町にふさわしいと思ってもらわなくてはなりません。すでに観光都市としての大きな力と伝統とプライドをもつ京都でそれを実現することは容易ではありませんでした。

取り組み始めてから10年を経た2002年、私たちの会社の観光人力車事業は、「京都市観光発展推進事業者表彰」を受けました。その4年後には「京都市民憲章推進者表彰」を受けることができました。そしてさらに10余年を経た2019年、創業から27年を経てようや

2023年世界の人気都市トップ25

順位	都市	国	スコア
1	オアハカ	メキシコ	93.53
2	ウダイプル	インド	93.33
3	京都	日本	92.06
4	ウブド	インドネシア	91.73
5	サン・ミゲル・デ・アジェンデ	メキシコ	91.19
6	メキシコシティ	メキシコ	90.55
7	東京	日本	90.30
8	イスタンブール	トルコ	90.23
9	バンコク	タイ	89.99
10	ムンバイ	インド	89.79
11	チェンマイ	タイ	89.49
12	フィレンツェ	イタリア	89.48
13	ルアンパバーン	ラオス	89.44
14	マラケシュ	モロッコ	89.24
15	ローマ	イタリア	88.91
16	メリダ	メキシコ	88.81
17	シエムリアップ	カンボジア	88.80
18	シンガポール	シンガポール	88.78
19	チャールストン	アメリカ	88.63
20	リスボン	ポルトガル	88.62
21	サンタフェ	アメリカ	88.47
22	ホバート	オーストラリア	88.44
23	グアダラハラ	メキシコ	88.13
24	ポルト	ポルトガル	88.09
25	大阪	日本	88.05

Travel+Leisure Readers' 25 Favorite Cities in the World of 2023より作成

く「京都創造者賞」を受賞することができました。うれしさはもちろんですが、これで本当に私たちの「おもてなし」が認められたという感慨がありました。

この賞は2007年に京都府、京都市、京都商工会議所によって設立された「京都ブランド推進連絡協議会」が運営するものです。「日本国内または世界に向けて、『京都ブランド』のイメージアップや京都の都市格向上に著しく貢献している個人、法人、団体及びその商品や技術、サービス等を顕彰し、その功績をたたえる」とされています。

顕彰委員会は、私たちの事業内容について「世界的観光都市・京都発のおもてなしサービスを全国に広めるとともに、地域の美化と歴史・文化の研修に努め、客の関心に応じて、ガイドブックとはひと味異なる多様な情報を提供する『地域の観光大使』として進めている」ととらえました。そして具体的な表彰理由として「観光人力車を嵐山と東山の顔として定着させた。しかしそれが実現したのは、走行路の清掃活動と土地の歴史に対する学びの熱意が地域の人々に喜ばれた結果であり……過去のものであった人力車を人々の余暇と対話のためによみがえらせたことは、国内外からの観光客にさまざまな感動を与えている」としたのです。

「京都創造者賞」の受賞は、私たちの観光人力車事業が「京都発のおもてなしサービス」であり、京都観光に欠かせないものの一つであることを行政や商工会をはじめとする当地の皆さんが広く認めてくれたことを意味するものでした。それは私たちにとってこれまでの歩みが正しかったことを改めて確認するものとなり、これからの事業推進に向けた大きな励みとなるものでした。

情緒ある町並みには人力車が似合う

京都の嵐山でスタートした観光人力車事業は、京都東山、奈良、小樽、函館、さらに浅草、鎌倉、倉敷、宮島、関門、湯布院と全国11拠点へと広がりました。地域の観光事業としてどうあるべきなのか、どのように運営すれば、観光客はもちろん、地元の行政や商店街や住民にとっても価値があるものになるのか、嵐山で一つひとつ学び、それを理念や心得、行動指針、詳細なマニュアルとして明文化することで、京都生まれで全国の日本情緒あふれる観光地にふさわしい今までにない観光事業として定着させてきました。それが可能になったのは、町とともにもっと観光を盛り上げたい、そのために自分たちに何ができるかということを考えてきたからだと思います。

まず観光地としての繁栄ありきです。そこが魅力的な観光地となることで初めて、人力車に乗って町を巡ってみようか、人力車で案内してもらおうかという人が現れ、そして増えていくのであり、まず人力車の事業ありきではありません。嵐山の大切な観光資源は、平安時代の昔から別荘地として愛されてきた豊かな緑と落ち着いた町並みであり、二尊院を擁する小倉山の景観でした。私たちがまず考えたのは、ここにしかない町のたたずまいを受け継ぎ、千年を経ても変わらない豊かな景観を維持し、守ることでした。観光客の集まるところに出ていくのではなく、私たち自身が観光客を集める役割を果たさなければならないと考えたのです。

すでに営まれている観光事業にとって、私たちが邪魔者になってはいけないのはもちろんです。地元の行政や観光協会、寺院、商店街、地域の住民との話し合いを重ね、さらに町の清掃、景観の保持について積極的に行動しました。二尊院のある小倉山は平安時代から紅葉と鹿の名所として、和歌にも詠まれてきた名山です。しかし、時代が平成に入る頃からアカ

全国に広がる事業所

マツの食害が広がり、照葉樹が生い茂る単一の林相の風景に変わりつつあります。地域の人々で「景勝・小倉山を守る会」がつくられマツやモミジの植樹が行われていますが、私たちの会社も幹事の一社に名を連ね、すでに10年以上活動を続けています。

観光地としての価値向上に向けて地元の一員として行動することが第一であり、その魅力を増した観光地の代表として、あるいは「大使」として、観光資源をつなぎながら観光客を迎え入れる役割を果たすのが観光人力車事業を営む私たちだと考えています。観光資源が見劣りすれば、つなぎ役、紹介役としての私たちも、その役割を果たすことはできません。あらかじめ観光地があって、そこに人力車を持ち込んで事業をするのではなく、私たち自身が観光地をつくるお手伝いをするという思いで常に仕事をしてきました。そのスタンスをしっかりと確立したからこそ、京都・嵐山発の私たちの事業は、全国の情緒豊かな観光地へと広げることも可能になったと思います。ありがたいことに、むしろ観光地のほうから、人力車の事業を誘致されるケースも出てきたのです。私たちの人力車が走ることが、情緒ある一枚の絵として町を引き立てるだけでなく、その町が新たに観光大使を迎え、町の渉外役・接待役を迎えることになるからとも考えられます。

私たちの事業の目的は、人力車の回転を上げ、売上や利益を増やすことではありません。観光客に町の魅力を伝え、町を心から楽しみ、何度も訪ねてもらうことです。人力車という自前の移動手段をもった俥夫は、そのために十分役立つことができると思います。観光客側から来てもらうのを待つばかりでなく、主体的にその地の良さをアピールすることができる存在だと思っています。

人力車はお客様の要望に応じて観光スポットを自由に移動できます。点在する観光スポットをお客様のリクエストに応じて自由自在につなぎ、楽しい観光のお手伝いができます。さらには寺院や観光名所、人気の商店などに案内し、その魅力を知ってもらうための有効なツールの一つでもあるのです。観光地としての魅力を、一つの名所や史跡で語るのではなく、さまざまな場所をつないだ全体として紹介できるのは、人力車という事業だからです。それこそ俥夫が観光大使として存在する意味だと思います。私たちは地域の伝統文化とそのすばらしさを語り、次の世代に受け継いでいく役割を担っていると考えています。

今「地方創生」が叫ばれるなか、全国の自治体が例外なく「インバウンド誘致」を掲げ、そのための施策を検討しています。全国どこでも「地域の魅力を活かした商品・サービスの開発」や「新たな観光ルートの開発」がメニューになり、それを、ＩＣＴを活用して発信することとされています。

しかし、新しいものを慌ててつくらなくても、地元の話を聞けば名産品も名所も数多くあるはずです。また媒体もＩＣＴだけが有力とは思えません。情報はネットにあふれています。動画をホームページやYouTubeで見せることよりも、何台もの人力車がその地域を走るほうが、感動を伝え大きな波及力をもつものになることもあると私は思います。

新たに私たちが始めた観光人力車事業がどういうものなのか——すぐには理解されなかっ

たかもしれません。最初は交通の邪魔と思われ、自社の商売のために観光地に紛れ込んだ異分子のように思われたこともありました。しかし、私たちがなぜ「観光大使」を名乗り、その土地で何をしようとしているのかを理解してもらえるにつれて、私たちはむしろ観光地から呼ばれる存在になることができました。観光地が伝統文化の継承のために観光大使を必要とし、観光地としての伝統を受け継いでいこうとしたとき観光人力車を求めてくれるようになりました。

新しい人力車文化の創造

昭和の初めに最後の人力車が消えてからおよそ半世紀後、日本が誇る独自の乗り物である人力車は復活しました。それは明治期のものとは外形こそ同じですが、その役割や提供価値はまったく異なるものでした。むしろ変化したからこそ、復活することができたのだと思います。明治期のような単なる移動手段としては、21世紀の町にそれが走る場所も理由もありません。

しかし、観光地、特に歴史の積み重なった伝統ある町ではまったく事情が違います。町をゆっくり巡りたい、地元の人が知る地元ならではの情報にも耳を傾けながら、既知の情報をなぞるようなものではなく、心に残る旅がしたいという人に、ホスピタリティの精神にあふれ、地元を深く知る俥夫が引く人力車は、観光の最もすぐれた手段になるものでした。

観光大使として観光客を心から歓待したいというマインドと、人力車という道具が一つになったとき、そこに新しい観光の形が生まれました。それは明治期とはまったく異なる新しい人力車文化の始まりでした。今風の言い方をすれば、それは100年の歳月を経て実現した人力車2・0ということかもしれません。

50年以上前、観光人力車というカテゴリーはまだ存在せず、地域の観光大使としての俥夫という存在も、具体的にどのようなものであるべきか誰も正解を知らなかったときに、勇気と志をもって俥夫を志願した学生たちが出発点となって、観光人力車事業が確立され、俥夫という職業が生まれ、新たな人力車文化が誕生しました。

もちろんここが私の終着点ではありません。多くの人との出会いを自らの成長の機会ととらえ、観光客の喜びと地域の伝統の継承のために尽くす俥夫の仕事をさらに誇りある仕事として確立するため、日々町を快走する俥夫の仲間とともにさらに歩み続けていきたいと思っています。

おわりに

1980年代の終わり頃、以前の会社の従業員から人力車に乗って面白かったという話を耳にした私は、観光人力車の事業を始めようと考えました。さっそく弟に話したのですが、「人力車」と聞いただけで大笑いし「やめたほうがいい」と取り合おうともしませんでした。しかし私は、この超アナログの乗り物に、私たちが改めて注目すべきものがあると感じていました。私たちはあまりにも一足飛びに、そして急速にデジタルの方向に突き進んでいこうとしていたからです。実際その勢いは、2000年代に入ってますます加速し、いまや旅行すらバーチャルな世界に取り込まれようとしています。

一時のコロナ禍は私たちの事業にも大きな痛手でしたが、自粛期間が続き、家の壁やモニターばかり眺めて過ごさなければならなくなったときに、私たちは誰もが改めて雄大な景色を眺めたり空の下で風に吹かれたりすることの魅力を思い出していました。その後のキャンプブームやサウナの流行なども、その表れだったと思います。

急速なデジタル化のもとで、アナログの価値は高まる一方です。私たちの観光人力車事業に対しても全国の観光地から店を出さないかとか、せめてお祭りのときだけでも来てもらえないかというありがたいお誘いをいただけるようになっています。30年前の事業開始時には想像もできなかったことです。

当初私たちは観光地にとって〝よそ者〟として登場するしかありませんでした。確かに地域の皆さんには突然の出来事であり、それまでの何十年と続いてきた日常の風景を変えるものでもあったと思います。反発や戸惑いの声も聞こえてきました。

しかし私たちは、観光人力車事業が必ず地域のお役に立つと信じていました。ガイドブックやインターネットで紹介される似たり寄ったりの観光ガイドより、俥夫が自分でお客様をお連れし、各人の言葉と率直な思いでご案内したほうが、伝わるものは何倍も大きいと思っていたからです。

私たちは地域に感謝し、地域に愛され、地域とともに発展するということを最も大切な理念として何度も確認してこの事業を一歩一歩進めてきましたが、常にその先頭に立ったのが俥夫たちでした。観光地に関する歴史や伝統、文化を書物を通して学ぶだけでなく、自分で歩き、自分の目で確かめ、新しい人気のお店があると聞けば、休日に自分で足を運んで情報収集に努めました。今日の花の咲き具合はどうかと、出勤前に必ず町を歩いてくる俥夫もいます。町をもっときれいにしたいと自主的に清掃活動を始めたのは彼らであり、仲間たちもすぐに賛同して、毎朝の就業時間前の清掃活動は、会社として何かを決める前にもう始まっていました。商店の前を通るときは、店の奥にいるお店の皆さんにも声が聞こえるようにはつらつと挨拶をするのも俥夫たちが始めたことです。その積み重ねが町の人の理解につながり、観光地を一緒に盛り上げていく仲間として認知していただくことにつながりました。

自分の体を張っておもてなしをしたいと考えて俥夫に応募してくる若者は全員が心優しい相手思いの人間で、素直な頑張り屋ばかりです。身内を褒めるようでお恥ずかしいのですが、本当にいい奴ばかりなのです。

事業を始めて間もなくの頃です。私が学校の勉強もサボりっぱなしだったから世界史が全然分からないとこぼしていたら、後日、ある俥夫が最初に読むならこの本がいいですよと、わざわざ買ってきてくれました。確かに不勉強な私にも読みやすく、よく頭に入りました。次は何を読めばよいか、それも教えてくれました。そんな従業員が普通いるでしょうか？

「うちの社長は何も知らない」と陰で笑っている人間のほうが多いと思います。

「もっとこうしたらお客様に喜んでいただける」「こうすれば町のためになる」「商店が歓迎してくれる」――現場での生々しい経験から多くのアイデアを出してくれたのも俥夫たちでした。彼らの積極的な提案、改善案がなかったら観光人力車事業を現在のように確立することはできなかったと思います。この事業は私がつくったのではなく俥夫が自らつくり上げたものだといっても過言ではありません。私は「日本一素直なオヤジ」になって、「おお確かにそうだ、そうしよう」と賛同してきただけです。いやもう一人、忘れてはいけない存在がありました。この事業を始めるときに誘った現専務取締役の加藤誠一です。

子どもの頃からの同郷の友人で、私が新たな事業を考えたときは、すでに家庭ももち社会人として活躍していました。千葉に住みながら仕事をしていた加藤を久しぶりに訪ねて「京都で人力車の事業を始めるつもりだ。一緒にやらないか」と言ったら「人力車?」ときょとんとした顔をして「ちょっと考えさせてくれ」と言っていたのですが、半年もしないうちに家族ともども京都にやってきてくれ、以来私の右腕として活躍してくれています。

どちらかといえば私は「イケイケ」で突っ走るほうです。加藤は「同じタイプが2人いても仕方がない」と、自らの役割を決め、慎重に戦略を練り、実践していく参謀に徹してくれました。俥夫が働く現場にきっきりとなる時間に多くを費やし、事業開始当初ならではの、地元の交通の問題や商店街、地域住民の方との間で発生したあらゆる問題に対処し、交渉や話し合いに臨み改善策を検討して決定するという作業を一手に引き受けてくれました。

嫌な思いをさせられたことも何度もあったと思いますが、私同様、加藤にも新たな観光人力車事業にかける熱い思いがありました。俥夫の振る舞い方や接客のルール、さらには事業全体の運営方針まで、あらゆることを新事業の頭脳となって牽引《けんいん》してくれました。加藤がいなければ、今日の事業はありません。紙上を借りて心からの感謝の気持ちを伝えたいと思います。

私たちの道はまだ半ばです。最高のおもてなしを極めたいと今日も人力車を引く俥夫たちとともに、私も走り続けます。ぜひ一度、私たちの自慢の俥夫に会いにきてください。お待ちしています。

濱澤法生（はまざわ　のりお）

福岡県北九州市出身。1992年、京都・嵐山にて株式会社ベリー・プロジェクトを創業。当時の観光人力車業界は個人商店化しているケースがほとんどだったが、先駆けて株式会社として立ち上げフランチャイズで全国にビジネスを展開している。全国に11店舗を展開し、人力車の保有台数268台は業界トップである。2019年には京都創造者賞を受賞。

本書についての
ご意見・ご感想はコチラ

人力車に、おのりやす
伝統文化を継承する俥夫の仕事

2024年3月18日　第1刷発行

著　者　　濱澤法生
発行人　　久保田貴幸

発行元　　株式会社 幻冬舎メディアコンサルティング
〒151-0051　東京都渋谷区千駄ヶ谷4-9-7
電話　03-5411-6440（編集）

発売元　　株式会社 幻冬舎
〒151-0051　東京都渋谷区千駄ヶ谷4-9-7
電話　03-5411-6222（営業）

印刷・製本　中央精版印刷株式会社
装　丁　　野口萌

検印廃止

ISBN 978-4-344-94773-3 C0034
幻冬舎メディアコンサルティングＨＰ
https://www.gentosha-mc.com/